JN023214

海外進出の実務シリーズ

マレーシア
の会計・税務・法務
Q&A

EY新日本
有限責任監査法人【編】

税務経理協会

発刊にあたって

　2018年はマレーシアにとって激動の１年となりました。５月に行われた下院議員選挙においてマハティールが率いる野党連合である希望連盟が勝利し，1963年の建国後初めての政権交代が起きたのです。マハティール新政権は2015年に施行されたばかりの物品・サービス税（GST）を公約通り廃止し，売上税及びサービス税（SST）を復活させました。また中国の「一帯一路」構想の一部である東海岸高速鉄道計画の見直しや，環太平洋パートナーシップ（TPP）に対して慎重姿勢を見せるなど，現地に進出する日系企業にとっても新政権の今後の動向に注視する必要があります。

　しかしながら，イギリスを規範とする法制度，電気・水道・物流といったインフラの整備，英語の浸透度，政府がバックアップするハラル認証制度，ルック・イースト政策を基盤とする日本との強い文化・経済的なつながり等から，マレーシアは引き続き日本企業にとって魅力ある環境が整っている国と言えます。

　本書は，初めてマレーシアに赴任する方やマレーシアでビジネスに携わる方のために日本企業がマレーシアでビジネスを行うにあたり必要となる会計，税制，会社法などの基本をまとめた実務書です。現地担当者の方はもちろん，日本本社の方にとっても現地実務を把握するにあたり必要な情報を簡潔に解説してあります。是非現地とのコミュニケーションを行う際にご活用いただけたらと存じます。

　最後に本書刊行にあたりご尽力いただいた税務経理協会の大坪氏，大川氏に厚く御礼申し上げます。

2019年10月　執筆者一同

1

［ 目 次 ］

発刊にあたって

第1章 ｜ マレーシアの基礎データ

Column　イスラム金融について／10

第2章 ｜ マレーシアで事業を開始するためのQ&A

Q1　マレーシアにおける事業形態／12

Q2　マレーシアの外資規制／14

Q3　支店の設立手続／17

Q4　会社の設立手続／19

Q5　マレーシア会社登記所（CCM）／20

Q6　マレーシア投資開発庁（MIDA）／21

Q7　会社設立までのスケジュール／22

Q8　会社の定款／23

Q9　マレーシアの渡航の際のVISAの必要性について／24

Q10　労働許可証の種類について／25

Q11　Employment Pass について／26

Column　称号について／29

第3章 ｜ 会社法務に関するQ&A

Q12　定時株主総会／32

Q13　取締役会／35

Q14　会社秘書役（カンパニー・セクレタリー）／36

1

Q15 監査役と会計監査人／38

Q16 決算書の提出期限／39

Q17 取締役（Director）の資格／41

Q18 取締役の義務／42

Q19 マネージング・ダイレクター（MD）／43

Q20 取締役の選任・退任・解任及び任期／44

Q21 取締役の利害関係の開示／45

Q22 取締役に対する貸付／45

Q23 配当金の支払い／46

Q24 種類株式の内容・取扱い／47

Q25 増資と株券，株主名簿／48

Q26 減資／49

Q27 会社の清算／51

Column　ブミプトラ政策について／53

第4章 | 法人税に関するQ&A

Q28 マレーシア法人税の特色／56

Q29 法人税の税率／57

Q30 法人税の申告スケジュール／59

Q31 居住者・非居住者について／62

Q32 課税対象となる所得／63

Q33 資本取引／63

Q34 課税所得の算定／64

Q35 税務上の申告調整項目／66

Q36 二重控除制度／67

Q37 減価償却費（キャピタル・アローワンス）／69

Q38 少額資産の特例／74

Q39	減価償却未控除額の繰越し／75
Q40	固定資産売却損益の計算／75
Q41	取替法／77
Q42	ハイヤー・パーチェスにおける留意事項／77
Q43	引当金及び準備金／79
Q44	貸倒損失及び貸倒引当金／80
Q45	欠損金等の繰越し・繰戻し／82
Q46	支払利息／85
Q47	交際費／86
Q48	寄付金／87
Q49	開業費／88
Q50	本店経費の配賦／88
Q51	配当金に関する税務／90
Q52	外国税額控除／91
Q53	源泉税の概要／92
Q54	利息及びロイヤルティに係る源泉税／93
Q55	請負契約及びプロフェッショナル・サービスに係る源泉税／94
Q56	所得税法第4A条に規定されている特定のサービスに係る源泉税／96
Q57	連結納税（グループリリーフ）／97
Q58	罰則／98
Q59	修正申告／99
Q60	税務当局による調査／100
Q61	企業優遇税制／101
Q62	パイオニア・ステータス／102
Q63	投資税額控除／103
Q64	再投資控除／105
Q65	MSCマレーシア／106

Q66 イスカンダル・マレーシア／110

Q67 ハラルに関連するインセンティブ／114

Q68 プリンシパル・ハブ／116

Q69 ラブアン／118

Q70 マレーシアとの租税条約締結国／121

Q71 日本・マレーシア租税条約／122

Q72 恒久的施設（PE）／123

Q73 マレーシアにおける移転価格税制の概要／124

Q74 移転価格税制の対象取引／125

Q75 移転価格の文書化規定／128

Q76 マレーシア税務当局の移転価格調査に係る動向／129

Q77 移転価格に係る事前確認制度／132

Q78 過少資本税制／132

Column 法人税申告書の様式／133

第5章 個人所得税に関するQ&A

Q79 居住者・非居住者／136

Q80 個人所得税の免税措置（非居住者に対する免税措置）／139

Q81 個人所得税率／140

Q82 個人所得税の申告納税スケジュール／142

Q83 所得税額の算定方法／143

Q84 個人所得税の課税対象の範囲／143

Q85 現物給与／144

Q86 個人所得税の会社負担／147

Q87 所得控除項目／149

Q88 帰国時の手続／150

Q89 罰則と修正申告／151

Column　マレーシアで盛んなスポーツ／152

第6章 法人税・所得税以外の税制に関するQ&A

Q90　売上税及びサービス税（SST）の概要／154
Q91　SSTの課税対象品目・課税対象サービス／155
Q92　SSTの申告・納税手続／159
Q93　課税対象品目の免税措置／162
Q94　仕入税額控除制度／164
Q95　外部委託契約（アウトソース）の取扱い／167
Q96　輸入サービスの取扱い／168
Q97　罰則／170
Q98　物品サービス税（GST）の概要／171
Q99　物品税／172
Q100　関税の概要／173
Q101　印紙税／174
Q102　不動産譲渡益税（RPGT）／175
Column　腐敗について／177

第7章 会計・監査制度に関するQ&A

Q103　マレーシアの会社法上必要な財務諸表について／180
Q104　マレーシアの会計基準／180
Q105　会計帳簿・保存期間／182
Q106　監査の要否／183
Column　マレーシアの国王／184

第**8**章 | その他のQ&A

Q107 マレーシアの労働事情／186

Q108 マレーシアの休日・休暇・労働時間／187

Q109 マレーシアの社会保障制度／188

Q110 外国人雇用税／190

Q111 為替管理／191

Q112 運転免許証について／191

Column マレー半島とボルネオについて／192

用語索引／193

本書を執筆するに際しては最新の情報を掲載するように努めておりますが，各種制度については常に追加・変更が行われています。したがって，実際の手続や関係当局への申請および交渉にあたっては，常に最新の情報を確認し，必要に応じて会計事務所等の専門家に相談なさることをお勧めします。

第 1 章

マレーシアの基礎データ

● Point ●

　この章では，マレーシアの概要及び主なデータをまとめています。マレーシアの経済が堅調に推移していることや，人口構成が，日本とは異なっているのがわかります。

1 概　　要

1）　面積　33万290平方キロメートル（日本の約0.87倍）

2）　人口　3,239万人（2018年マレーシア統計局）

3）　首都　クアラルンプール（人口180万人）

4）　民族　マレー系（約69％），中国系（約23％），インド系（約7％）（マレー系には，中国系及びインド系を除く他民族を含む）

5）　言語　マレー語，中国語，タミール語，英語

6）　宗教　イスラム教（連邦の宗教）（61％），仏教（20％），キリスト教（9％），ヒンドゥー教（6％），儒教・道教（1％），その他

7）　政体　立憲君主制（議会制民主主義）

8）　元首　アブドゥラ　第16代国王（2019年1月就任，任期5年，統治者会議で互選。パハン州スルタン）

9）　首相　マハティール・ビンモハマド（2018年5月就任）

10）　国会　上院：70議席，任期3年。44名は国王任命，26名は州議会指名。下院：222議席，任期5年。直接選挙（小選挙区制）

（日本国外務省ウェブサイト（2019年7月12日），ジェトロウェブサイト（2019年7月12日）より）

　マレーシアは，マレー半島とボルネオ島の一部（サバ・サラワク州）から成り立っており，日本の約9割の面積の国土を保有します。国民は，マレー系，中国系，インド系等からなる多民族国家です。国教はイスラム教ですが，信仰の自由が認められています。また，マレーシアは，ASEAN（東南アジア諸国連合）の1967年の設立当初からの加盟国の一つです。

2 歴　史

年	略　史
15世紀初頭	マラッカ王国成立
16世紀〜17世紀	ポルトガル，オランダ東インド会社によるマラッカ支配
1824年	英蘭協約によりマレー半島及びボルネオ島西北部がイギリスの勢力範囲下となる。イギリスによる植民地支配。
1942年〜45年	日本軍による占領
1948年	英領マラヤ連邦形成
1957年	マラヤ連邦独立
1963年	マレーシア独立（シンガポール，サバ，サラワクを加える）
1965年	シンガポールが分離，独立。

（日本国外務省ウェブサイト（2018年4月15日）より）

　マレーシアの歴史をさかのぼると，まず，1世紀ごろにインド商人がマレー半島の西側に居住するようになり，ヒンズー教や仏教が広まりました。その後，ジャワ人の支配等を経て，15世紀初頭に，マレー半島の南部にマラッカ王国が成立し，東西貿易の中継基地として栄えました。マラッカ王国の統治下では，イスラム商人が活発に交易に従事し，それまでマレー半島で中心的であったヒンズー教や仏教がイスラム教にとってかわるようになります。そして，16世紀以降は，ポルトガル，オランダ，イギリスの勢力下に入り，第二次世界大戦中は，日本軍の占領下にありました。第二次大戦後はマレー半島南部を中心とする英領マラヤ連邦が形成されましたが，1957年にマラヤ連邦として独立しました。その後，1963年に北ボルネオ地域を加える一方，1965年にシンガポールが独立して分離し，現在のマレーシアとなっています。

3 経　　済

【主要指標】

主要産業	製造業（電気機器），農林業（天然ゴム，パーム油，木材）及び鉱業（錫，原油，LNG）
名目GDP（2017年）	13,534億リンギット
1人当たりGDP（2017年）	11,340米ドル
経済成長率（2017年）	5.9%
物価上昇率（2017年）	3.7%
失業率（2017年）	3.4%
貿易	① 貿易額（2017年） 　輸出額　7,859.3億リンギット 　輸入額　6,986.6億リンギット ② 主要貿易品目 　輸出：電気製品，パーム油，化学製品，原油・石油製品，LNG 　輸入：電気製品，製造機器，化学製品，輸送機器，金属製品 ③ 主要貿易相手国 　輸出：シンガポール，中国，米国 　輸入：中国，シンガポール，日本
通貨／為替レート	マレーシア・リンギット 1米ドル＝約4.14リンギット 1リンギット＝約26.0円 （2019年6月28日終値）

【日本との関係】

対日貿易	① 品　　目 　輸出：鉱物性燃料（LNG等），電気・電子機器，化学製品等 　輸入：電気・電子機器，機械類，自動車，輸送用機器等 ② 貿易額（2017年） 　輸出（マレーシア⇒日本）　21,619億円 　輸入（日本⇒マレーシア）　14,312億円
日本の直接投資	製造業・主要投資認可額（2017年）　322.5百万ドル
在留邦人数	24,411人（2017年10月現在）
マレーシア 日本人商工会議所 会員数	普通会員593社（2018年3月末） ・　法人会員558社 ・　個人会員35社

日本との関係では，1981年に当時のマハティール首相が提唱したルック・イースト政策（Look East）において，同首相が日本の労働倫理を評価して以来，日本からの直接投資の増加，双方向での貿易の拡大を通じて，両国関係は緊密化し，今日でも良好な関係を維持しています。2017年には，日・マレーシア外交関係樹立60周年を迎えました。

図１　経済成長率の推移

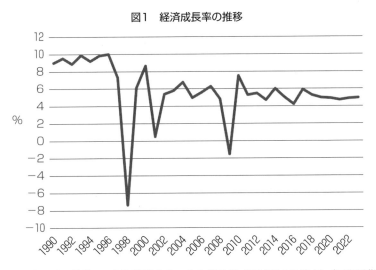

※　2017年以降の数値は，国際通貨基金による推計値（2018年４月時点）（国際通貨基金のデータより作成）

マレーシア経済は堅調に推移しています。過去，アジア通貨危機やリーマンショックなどの国際的な経済危機に際して，成長率が前年比マイナスとなることはありましたが，それ以外は，概ね４～６％程度の成長率程度で推移しています。先行きについても，国際通貨基金の予測（2018年４月）では，2018年～2023年については，約５％程度の成長率が続くとしています。

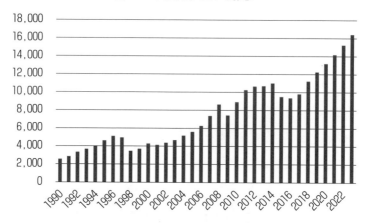

図2　1人当たりGDPの推移

※　2017年以降の数値は，国際通貨基金による推計値（2018年4月時点）（国際通貨基金のデータより作成）

　1人当たりGDP（米ドル建）をみると，2017年時点で約9,800ドル程度となり，過去20年でほぼ倍の水準まで増加しています。先行きについても，為替動向で振れることが予想されるものの，経済が堅調に拡大することを受けて，引き続き増加すると見込まれています。国際通貨基金の推計によれば，2023年には約16,000ドル程度まで伸びる見通しです。

図3　年齢別人口ピラミッド（日本とマレーシアの比較）

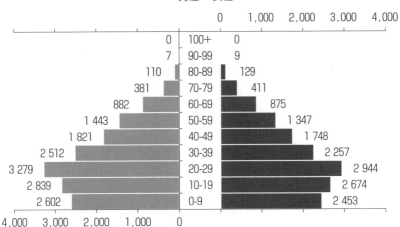

マレーシア（2015年）

■ 男性　■ 女性

			男性	年齢	女性	
			0	100+	0	
			7	90-99	9	
			110	80-89	129	
			381	70-79	411	
			882	60-69	875	
			1 443	50-59	1 347	
			1 821	40-49	1 748	
			2 512	30-39	2 257	
			3 279	20-29	2 944	
			2 839	10-19	2 674	
			2 602	0-9	2 453	

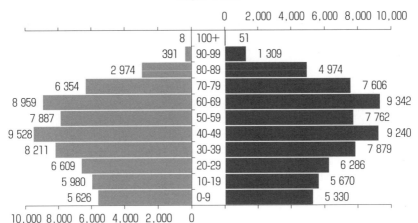

日本（2015年）

■ 男性　■ 女性

			男性	年齢	女性	
			8	100+	51	
			391	90-99	1 309	
			2 974	80-89	4 974	
			6 354	70-79	7 606	
			8 959	60-69	9 342	
			7 887	50-59	7 762	
			9 528	40-49	9 240	
			8 211	30-39	7 879	
			6 609	20-29	6 286	
			5 980	10-19	5 670	
			5 626	0-9	5 330	

（国際連合のデータより作成）

マレーシアの人口は，過去20年間，年平均２％増のペースで増加し，2017年には，32百万人となっています。この水準は1986年の16百万人の倍の水準です。人口構成をみると，マレーシアは釣鐘型となっており，30歳未満が人口の55％と過半を占めているのに対して，60歳以上は９％となっています。こうした構成は，高齢化が進み，60歳以上が33％，30歳未満が28％となっている日本の構造とは対照的です。

図４　物価上昇率と失業率の推移

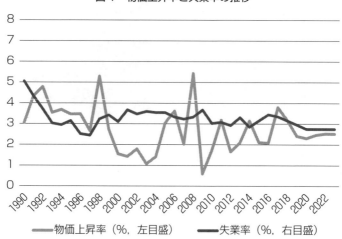

　※　2017年以降の数値は，国際通貨基金による推計値（2018年４月時点）（国際通貨基金のデータより作成）

　物価上昇率をみると，アジア通貨危機等の国際金融市場の影響から為替が変動し，それを受けて輸入品物価が振れ，全体の物価動向に影響を与えることがあります。もっとも，ならしてみれば，1990年以降は３％程度の推移となっており，インフレ傾向が続くことはありません。また，失業率については，労働力人口の増加が続くものの，堅調な投資活動が持続していることから，労働力を吸収し，失業率も概ね３～４％程度で推移しています。

図5　経常収支の推移

※　2017年以降の数値は，国際通貨基金による推計値（2018年4月時点）（国際通貨基金のデータより作成）

　経常収支の推移をみると，製造業を中心に，日本を含む国外から積極的に投資を呼び込む政策が奏功し，製品輸出が増加しています。その結果，1998年以降，20年間，経常収支の黒字が続いています。先行きについても，国際通貨基金の予測（2018年4月）では，GDPの2％程度の黒字が続くと見込まれています。

　なお，アジア開発銀行などは，先行きマレーシア経済のカギは，輸出への依存度を下げて，インフラ投資などを通じて，内需を拡大するべきだとしています。また，外部要因に左右されずに持続的な経済成長を達成するためには，技術革新を通じて，労働者の生産性を高めることも重要だともされています。

Column　イスラム金融について

　東南アジアにおける金融ハブといえばシンガポールが代表的であると思いますが，イスラム金融においてはマレーシアも存在感を発揮しています。ここでイスラム金融とはイスラム法（シャリア）に即した金融取引を指します。イスラム教徒はたばこ，豚肉，アルコールの摂取や賭博を行うことが禁止されていますが，イスラム金融上もこうした事業に関連する取引は認められていません。またシャリア上，利子の概念が認められていないため，物品売買や事業投資からの配当といった取引を介することで利息と同等の効果を擬制している点が特徴的です。代表的なものにスクーク（イスラム債券）やタカフル（イスラム保険）といった金融商品があります。

　マレーシアは自国をイスラム金融のハブにするという国家戦略の下，30年以上にわたり様々な施策を打ち出してきています。近年ではマレーシアにおけるイスラム金融ビジネス促進のためのワンストップセンターといえる国際イスラム金融センターの設立（2006年），既存の関連法制を集約する形でイスラム金融サービス法の施行（2013年），所得税，印紙税等各種税務上の恩典の提供などが挙げられます。また，2018年にはマレーシア中央銀行主導でイスラム金融を価値ベースの仲介方式（VBI）によって持続可能な金融エコシステムの中心的な役割を果たしていく方針がとられるようになりました。

　このような流れを受けて，2019年1月，三菱UFJ銀行のマレーシア現地法人が邦銀初のイスラム金融方式によるリンギ建て事業融資を行うなど，日系企業においてもイスラム金融を積極的に活用していこうという動きがみられています。

第2章

マレーシアで事業を開始するためのQ&A

● Point ●

　第1章で述べたとおり，マレーシアのGDPはASEAN域内で2番目に多く，同じASEAN域内の他国と比較すると，経済が発展している国の1つです。一方人口は3,200万人程度とASEAN域内では比較的少ないため，経済発展について外資に頼っている部分もあり積極的に外資企業を誘致しています。しかしながら，マレーシアには宗教観やマレーシア人優遇等，独自の文化があり一部の業態・業種においてはマレーシア進出において考慮すべき事項も多く存在し，現地の法律やルールに則って事業を行う必要があります。

　マレーシアへの進出形態には，主に株式有限責任会社，支店，駐在員事務所といった形態があり，進出の目的によってどの形態にすべきか慎重に検討する必要があります。

　この章では支店・会社の設立手続，労働許可証の申請方法などマレーシアで事業を開始するために必要な手続についての質問をまとめました。

マレーシアへの進出形態について，どのような形態があるか教えてください。

Answer

マレーシアの会社形態としては「株式有限責任会社」,「保証有限責任会社」,「無限責任会社」の３つが挙げられます。

1　株式有限責任会社（Companies Act 2016（以下「新会社法」）第10条(2)）

株式有限責任会社とは，株主としての責任が出資の範囲内に限定される会社形態のことをいいます。この会社形態が外国企業の現地法人としては最も一般的な形態です。

2　保証有限責任会社（新会社法第10条(3)）

保証有限責任会社とは，株主としての責任が会社清算時に株主それぞれが引き受けた額に制限される会社形態のことをいいます。

3　無限責任会社（新会社法第10条(4)）

無限責任会社とは，株主としての責任がその出資の額に制限されず，無限責任を負う会社形態のことをいいます。

さらに，マレーシアの法人は公開会社と非公開会社とに区分されます。非公開会社とは定款において，株式の譲渡制限，株主数の制限，を設けている会社のことをいいます。公開会社の場合，会社名の最後がBerhadもしくはBhd.となり，非公開会社の場合，Sendirian BerhadもしくはSdn. Bhd.となります。

日系企業がマレーシアに進出する際の組織形態として，主に「駐在員事務所」,「支店」,「株式有限責任会社」が挙げられます。これらの組織形態の特徴は以下のとおりです。

	駐在員事務所	支　　店	株式有限責任会社
法的主体	外国法人	外国法人	（マレーシアの）内国法人
法人所得税の申告	不要	必要	必要
法人所得税上の課税所得の範囲	原則として利益獲得活動は不可。そのため，課税所得は発生しない	マレーシア国内源泉所得	マレーシア国内源泉所得 ただし，銀行・保険などの一定の業種については全世界所得
法人所得税率（%）	－	24	20－24 税率は直前賦課年度からの課税所得の増加率に応じて決定する。 （Q29参照）
会計監査	不要	必要	必要
留意点	●　以下のような活動に限定される ①　事業活動の計画又は調整 ②　情報収集・分析，もしくはマレーシアにおける投資やビジネス機会に対するフィージビリティスタディの実施 ③　原材料，部品その他工業製品の供給源の開拓 ④　研究開発活動など	●　税務上の優遇措置がない ●　税務上非居住者に該当するため，一定のサービスを提供する場合源泉税が課される	●　マレーシアにおいて事業を行う際の通常の組織形態である ●　税務上の優遇措置を一定の条件下において享受することが可能 ●　大規模活動が可能 ●　事業ライセンスや駐在員の就労パス取得の要件として，一定額以上の資本金の払込が求められるケースがある

Q2 マレーシアの外資規制

マレーシアへの進出に外資規制はありますか？ どのような
業種が対象になりますか？

Answer

　マレーシアでは近年，海外からマレーシアへの投資を促進することを目的と
して外資規制を緩和する動きが進んでいます。しかしながら，一部の業種では
外国資本の参入が禁止されたり，投資規制が残っているものも存在しています。

1　国家権益に関わる事業

　国家権益に関わる事業，すなわち水，エネルギー・電力供給・放送・防衛・
保安・陸運・海運・倉庫・通関等については，外資の出資比率が30％ないし
49％以下と制限されています。

2　製　造　業

　製造業については，原則として外国資本100％での参入が認められていま
す。ただし，株主資本がRM 2,500,000以上，又はフルタイム従業員を75人
以上雇用する製造業を行う企業は，国際貿易産業省（Ministry of International
Trade and Industry，以下「MITI」）に対して製造ライセンスの申請をする必要
があります。製造ライセンスはマレーシア投資開発庁（Malaysia Investment
Development Authority，以下「MIDA」）への提出が必要です。

3　流通サービス業

　流通サービス業については，2010年5月12日に国内取引・協同組合・消費者
省（Ministry of Domestic Trade Co-operatives and Consumerism，以下「MDTCC」）
より「マレーシア流通取引・サービス分野への外国資本参入に関するガイドラ

イン」が発行されていますが，マレーシアの環太平洋パートナーシップ協定（TPP）の参加に伴い流通サービス業の外国資本規制は以下のとおり定められました。

(1) 外国資本の参入が禁止されている業種

以下の業種については外国資本の参入が禁止されています。

- スーパーマーケット（販売フロア面積が3,000㎡未満）
- 食料品店
- 新聞販売店，雑貨品の販売店
- 薬局
- ガソリンスタンド
- 常設の市場（ウェットマーケット）や歩道店舗
- 布地屋，レストラン（高級でない），ビストロ，宝石店
- その他

(2) 外国資本の参入は可能であるが，資本金や株主構成に制限が設けられている業種

以下の業種については，一定の条件を満たすことで外国資本の参入は可能です。

	最低資本金	株主構成
ハイパーマーケット（5,000㎡以上の販売フロアを持つセルフサービスの販売店）	RM 50,000,000	最低30％のブミプトラ資本
スーパーストア（3,000㎡以上4,999㎡未満の販売フロアを持つセルフサービスの販売店）	RM 25,000,000	最低30％のブミプトラ資本
デパート	RM 20,000,000	－
家具・家庭用品・ヘルスケア・スポーツ用品・本などの専門店	RM 1,000,000	－
コンビニエンスストア	RM 1,000,000	最低30％のブミプトラ資本かつ外国資本の出資割合は30％まで（＊）

（＊）　ただし，コンビニエンスストアチェーンのフランチャイズ本部企業が直接出資することは認められておらず，出資を行うことが可能なのはフランチャイズ経営を行っていない外国資本のみです。

ハイパーマーケット，スーパーストア，デパート及びコンビニエンスストアについては，TPP発効後３年以内に各店舗の棚に展示される商品の30％をブミプトラ企業に割り当てる必要があります。

また，外国資本が出資する全ての流通取引会社は以下の要件を満たす必要があります。

- ブミプトラの取締役を任命する
- マレーシアの人種構成を反映するようにマレーシア人を雇用する
- 流通取引分野におけるブミプトラ参加を支援するための明確な方針と計画を策定する
- 従業員の１％は障害者を雇用する

4　その他サービス業

マレーシア経済の拡大，サービス業のグローバル化，マレーシア人のスキルの向上を目的として，一部のサービス業について100％の外国資本の参入が可能となっています。

2009年４月に以下の８セクターにおける27のサブセクターについて100％の外国資本参入が認められました。

- コンピューター及び関連サービス
- 健康及び社会サービス
- 観光サービス
- 運送サービス
- スポーツ及びリクリエーションサービス
- ビジネスサービス
- オペレーターのない賃貸サービス
- 内陸水路における運送サービス

2012年に更に以下の７セクターにおける18のサブセクターについて外国資本

参入が認められました。

- 通信ネットワークサービス
- ヘルスケア
- 会計・法律などの専門サービス
- 環境
- 流通サービス
- 教育
- 宅配サービス

Q3 支店の設立手続

マレーシアにおいて支店の設立を検討しています。設立手続について教えてください。

Answer

支店の設立はマレーシア会社法に基づいてマレーシア会社登記所（Companies Commission of Malaysia, 以下「CCM」）を通して行います。支店の登記手続はマレーシアに居住するエージェントを通じて行わなければなりません。支店の設立手続は以下のとおりです。

1　支店名の使用許可申請

登記申請前にマレーシアにおいて使用する会社名を決定する必要があります。会社名はCCMのオンラインシステム（MyCoID）を通じて申請を行います。申請費用はRM 50です。会社名については，基本的には本店と同じ名前を登録する必要があります。

2 書類の提出

会社名の承認を受けた後，30日以内にCCMへ登記のための書類を提出します。主な必要書類は以下のとおりです。

- 株主の名前，国籍，居住地等に関する情報。株主が法人格の場合，会社名，本社の場所等に関する情報
- 取締役の名前，国籍，居住地等に関する情報
- 登記申請のために任命したエージェントの名前及びマレーシアにおける住所
- 本社の登記簿謄本

これらの書類がマレーシア語もしくは英語以外の言語で記載されている場合には，マレーシア語又は英語に翻訳し公証人役場にて認証を受ける必要があります。

3 登記費用

登記費用は本社の資本金に応じて以下のとおり異なります。

本社の資本金の額	登記費用（RM）
RM 1,000,000以下	5,000.00
RM 1,000,000超，RM 10,000,000以下	20,000.00
RM 10,000,000超，RM 50,000,000以下	40,000.00
RM 50,000,000超，RM 100,000,000以下	60,000.00
RM 100,000,000超	70,000.00

4 登記完了

上記必要書類を提出後，1営業日以内にCCMより登記完了の通知が届きます。

Q4 会社の設立手続

マレーシアにおいて子会社の設立を検討しています。設立手続について教えてください。

Answer

法人の設立の場合も支店の設立と同様，マレーシア会社法に基づいてCCMを通して行います。公開会社（Q1参照）の場合，最低2名のマレーシア居住の取締役と1名の発起人が必要です。一方，非公開会社（Q1参照）の場合，マレーシア居住の取締役及び発起人がそれぞれ最低1名必要です。マレーシア居住取締役の要件についてはマレーシア人でなくてもマレーシアに居住していれば日本人でもかまいません。

法人の設立手続は以下のとおりです。

1 会社名の使用許可申請

会社名の申請についてはDirect IncorporationとName Reservationの2通りあります。Direct Incorporationは会社名の使用許可申請と会社登記申請を一括で行う方法でオンライン申請にて行います。申請時にRM1,000の登記費用を支払い，CCMから会社名の使用許可承認が下りた後，登記申請は担当部署に送られます。一方Name Reservationは会社名の使用申請をオンラインで行います。CCMにより会社名の使用許可承認がなされた後は，承認日から30日以内（最大180日まで延長可能）にRM1,000を支払いオンラインにて会社登記申請を行います。

2 書類の提出

登記申請の際の提出書類については，Direct Incorporation，Name Reservationに関わらずスーパーフォームと称する登記申請書に必要事項を記

載してオンラインにて提出します。スーパーフォームに記載する事項としては以下のものがあります。

- 会社名，公開会社か非公開会社か，業種，会社の住所，取締役及び発起人の情報，会社法に準拠していることの宣言，株主に関する情報，等

上記必要な手続を行った後，会社登記の完了通知が発行されます。

3　登記完了後

登記完了後，30日以内に会社秘書役を任命する必要があります。その後，銀行口座の開設，事業ライセンスの申請，税務インセンティブの申請，等を行って事業開始となります。

Q5　マレーシア会社登記所（CCM）

支店及び会社の登記は会社登記所（CCM）を通して申請する，ということですが，CCMとはどういう機関でしょうか。

Answer

マレーシア会社登記所（CCM）は法人や事業に関して規制・監督を行う行政機関です。以前はRegistrar of Companies（ROC）とRegistrar of Businesses（ROB）にそれぞれの機能が分かれていましたが，合併しCCMとして活動を行っています。なお，マレーシア語ではSuruhanjaya Syarikat Malaysiaという名称になるためSSMとも略されます。

CCMは法人や事業の設立登記や法人や事業に関する情報を公的に開示することを主な業務内容としています。コーポレートガバナンスの向上を目的とする行政機関として，CCMは登記が適切に行われているかを監督しています。

Q6 マレーシア投資開発庁（MIDA）

マレーシアの投資奨励機関であるマレーシア投資開発庁の概要を教えてください。

Answer

1 MIDAの概要

マレーシア投資開発庁（MIDA）はマレーシアの製造業及びサービス業の進出を支援する機関です。

MIDAは1967年にマレーシア工業開発庁法に基づき設立されました。MIDAの主な業務内容は以下のとおりです。

- 企業に対するマレーシア投資機会の情報提供
- 企業の合弁パートナーの選定サポート
- 製造ライセンスや税務インセンティブ，外国人駐在ポストの申請処理

MIDAは日本にも東京と大阪に拠点を構えていますので，日本においても投資に関する情報を入手することが可能です。

2 オフィス

- 本　　　部

   MIDA Sentral, No. 5, Jalan Stesen Sentral 5, Kuala Lumpur Sentral, 50470, Kuala Lumpur, Malaysia

   TEL：＋60 （0） 3 2267 3633

   E-mail：investmalaysia@mida.gov.my

- 東京オフィス

   〒105－6032　東京都港区虎ノ門4－3－1　城山トラストタワー32階

   TEL：03 5777 8808

   E-mail：tokyo@mida.gov.my

● 大阪オフィス

〒530-0001　大阪市北区梅田3-4-5　毎日インテシオ18階

TEL：06 6451 6661

E-mail：osaka@mida.gov.my

Q7　会社設立までのスケジュール

マレーシアにおいて会社設立までにどのくらいの日数を必要としますか？

Answer

Q4にて記載のとおり，会社設立にはいくつかの手続が必要です。それぞれの手続について概ね以下のとおりの日数が必要となります。下記想定日数は目安であり，休日やCCM等の混雑により前後します。

手　続	想定期間	手　続　概　要
会社名の予約，決定	1日	オンラインにて使用可能な会社名の検索を行い，決定後申請を行います。
取締役・株主の決定	1日	非公開会社の場合，最低2名のマレーシア居住取締役と1名の発起人が必要です。
定款，必要書類の作成	2週間〜3週間	定款に記載すべき事項についてはQ8をご参照ください。
会社設立申請	約1か月	MyCoIDにて登録申請を行います。申請中のステータスはMyCoIDにて確認できます。
会社秘書役の任命	―	会社設立から30日以内に会社秘書役を任命する必要があります。
銀行口座の開設	1日	
事業ビジネスライセンス申請取得	※	事業内容に応じて対応する所轄官庁に申請が必要です。

税務インセンティブ申請取得	※	製造業，サービス業の税務インセンティブはMIDAに申請を行い承認されれば税務インセンティブを取得します。

※　申請から取得までの期間は，事業の内容や申請する税務インセンティブの内容によります。

Q8　会社の定款

マレーシアには会社定款の作成義務はありますか？

Answer

1965年マレーシア会社法（Companies Act 1965，以下「旧会社法」）下では全ての会社は基本定款（Memorandum of Association：MoA）と通常定款（Articles of Association：AoA）を作成する必要がありました。

2017年1月31日より2016年マレーシア会社法（Companies Act 2016，「新会社法」）が施行されました。新会社法では，定款（Constitution）の作成義務を廃止し，定款の作成をしないことを選択することができるようになりました。

会社が定款を作成しないことを選択した場合，株主や取締役の権利義務については，新会社法の規定に従うこととされています。一方，会社が定款を作成した場合には，会社定款に従い会社運営がなされることとなります。

旧会社法に従い，MoA及びAoAを作成していた会社は当該MoA及びAoAが新会社法におけるConstitutionとみなされますので，改めてConstitutionを作成する必要はありません。

Q9 マレーシアへの渡航の際のVISAの必要性について

マレーシアに渡航する際は，VISAが必要でしょうか？ また，必要な場合はどのようなVISAや書類が必要でしょうか？

Answer

マレーシアへの渡航に際して，日本国籍を有する者が出張や観光目的で入国するのであれば，90日以内はVISAを取得することなく渡航できます。ただし，有効な復路の飛行機チケット及びマレーシア滞在期間中に目的を果たすために必要な十分な資金の裏付けを示す証憑などの提示を要請されるかも知れませんのでご注意ください。商用目的であれば，Single Entry VISA（SEV）かMultiple Entry VISA（MEV）を取得する必要があります。それぞれの内容は以下のとおりです。

- Single Entry VISA（SEV）：SEVは，社会的又は商業目的でマレーシアに入国する外国人に対して1回の入国に対して発行されるVISAです。国籍によって期間に違いはありますが，原則として，入国審査官の決定により発行後90日間マレーシアでの滞在が認められます。

- Multiple Entry VISA（MEV）：MEVは，社会的又は商業もしくは公用でマレーシアに複数回入国をする外国人に対して発行されるVISAです。

Q10　労働許可証の種類について

　マレーシアでの労働許可証の種類についてどのようなものが
ありますでしょうか？

Answer

　マレーシアでは，期間に関係なくマレーシアで就労するために入国する人は
全て労働許可証が必要とされます。

　主な労働許可証には次のようなものがあります。

1　Employment Pass（EP）

　EPは，マレーシアの企業で就労しようとする如何なる人々に対しても要求
される労働許可証です。EPは，マレーシア入国管理局によって発行され，通
常MEVと一緒に1年から5年といった年数で発行されます。EPは，マレー
シア人が有していない特別な技術上の知識・経験を有するポジションに外国人
が就労するためにケースバイケースに応じて認められます。詳しい要件，手続
等については，Q11を参照してください。

2　Professional Visit Pass（PVP）

　外国企業から購入した機械の設置又は訓練の実施等の短期の業務のためにマ
レーシアに入国を考えている外国人を対象としています。PVPは，通常，1
か月から6か月間有効で最大合計で12か月まで延長が可能です（ただし，サラ
ワクは最大9か月まで）。最大合計期間を超えての延長は許可されないので注意
が必要です。PVPの許可を得るためには外国企業がマレーシアに派遣された
人の給料を支払う必要があります。また，2か月以上の有効期間のあるPVP
の発行にあたってはMEVが必要になります。

3 Resident Pass-Talent (RP-T)

　RP-Tは，マレーシアにおいて長期で居住し働く意欲のある高い能力のある駐在員に対して発行されます。RP-Tの保有者は10年間マレーシアで居住し働くことができることの他に様々な恩典があります。また，RP-T保有者は，新しい労働許可証を申請することなしに転職をすることができます。RP-T保有者の配偶者及び子供もRP-Tの資格を有し，また配偶者はEPなしで働くことが可能で，子供はPermission to Studyなしで学校に通うことができます。一般的に，マレーシアで継続して3年以上，居住し且つ働いている外国人は，その他の要件も満たせばRP-Tを申請する資格があります。申請者は，事前にRP-Tパネルによって承認を受ける必要があります。RP-Tは専門家としての資格を有する申請者及びマレーシアの重要な産業において貢献する能力を有する申請者に対して優先して与えられます。

Q11 Employment Passについて

　Employment Pass（EP）の申請のための要件を教えてください。また延長申請についても教えてください。

Answer

　EPを取得するためには，駐在員側の要件と受入側となるマレーシア企業側の要件の2つがあります。

1 駐在員側の要件

(1) 関連する学歴及び実務経験
(2) 最低12か月以上有効なパスポートの期限。ただし理想的には，駐在者が申請するEPの有効期間と同じ有効期間のパスポートが望ましい。
(3) マレーシアの雇用主から最低月収RM 5,000となる雇用契約。これにつ

いては，もし雇用が特定の産業もしくは当局から必要な認可を得た場合には例外が認められることがある。

(4) 背景が青色の3.5cm×5cmサイズの写真

2 マレーシア企業側の要件（ただし，下記の条件に限定されない点に注意してください）

(1) マレーシア入国管理局に申請書を提出する前にEPを申請する企業が属する産業を所管する省庁から事前承認を得る必要があり，当該産業特定の要件が適用されることになります。また，産業によっては，EPの申請にあたって事前承認を出す省庁は入国管理局と異なるプロセス及び要件を規定している場合がありますので事前に確認等が必要です。

(2) 特定の産業に属するマレーシア企業はEPの申請を行うにあたって，必要なライセンスの提出を要求されることがあります。これらのライセンスには例えば，現在の国内取引・消費者省（Ministry of Domestic Trade and Consumer Affairs）の前身である国内取引・協同組合・消費者省（Ministry of Domestic Trade, Co-operatives & Consumerism：MDTCC）によるWRTライセンス（Wholesale, Retail and Trade License）や建設業開発庁（Construction Industry Board）への登録ライセンス等が含まれます。

(3) EPを申請するマレーシア企業は次の払込資本金の規制を上回る必要があります。

- 100％外国資本の会社の場合：RM 500,000
- 外国資本とマレーシア資本の合弁会社の場合：RM 350,000
- 100％マレーシア資本の会社の場合：RM 250,000

また，西マレーシアでEPを申請するマレーシア企業は申請書を電子申請するためにマレーシア入国管理局の駐在サービス課（Expatriate Service Division）に登録する必要があります。

労働許可期間の延長を得るためには，駐在員はEPの期間満了の3か月前ま

でに延長を申請する必要があります。また，駐在員は契約期間を満了する前に
マレーシアの別の企業で働くことを希望する場合は，現行のEPを短縮し現在
の雇用者から正式な契約終了通知（Official Release Letter）を得る必要がありま
すので注意が必要です。

　マレーシア入国法（Immigration Act／1959／63で2006年に改正）及び1963年入
国規則（Immigration Regulation）及び雇用法（Employment（Restriction）Act 1968
で2017年に改正）において，有効な労働許可証なしで働くことは法律違反とな
ります。もし，違反した場合は罰金，禁固刑等が科される可能性があります。

Column　称号について

　マレーシアで様々な称号があり，連邦政府もしくは州政府から授与されます。以下では簡単にその内容を説明します。これらは名誉称号であり，一代限りのものです。

① 連邦政府により授与される称号

Tun	国に高く貢献した者に与えられ，連邦政府レベルでは最高ランクの称号。夫人には「Toh Puan」が授与される。 主な授与者：マハティール現首相
Tan Sri	連邦政府レベルでは2番目にランクの高い称号。夫人には「Puan Sri」が授与される。 主な授与者：トニー・フェルナンデス（実業家，格安航空会社「エアアジア・グループ」CEO），ミッシェル・ヨー（女優）
Datuk	連邦政府レベルでは3番目にランクの高い称号。夫人には「Datin」が授与される。 主な授与者：ジャッキー・チェン（俳優），リー・チョン・ウェイ（元バドミントン選手），ニコル・ディビッド（スカッシュ選手）

② 州政府により授与される称号

Dato' Sri Dato' Seri	国もしくは州に高く貢献した者に与えられ，州政府レベルでは最高ランクの称号。Tan Sriと同格と言われている。夫人には「Datin Sri」が授与される。
Datuk Seri	州レベルで上位にランクされる称号。女性に対しては「Datin Paduka Seri」と称されることもある。
Dato'	州レベルでは最も一般的な称号。夫人には「Datin」の称号が授与される。ただしトレンガヌ州の場合「To' Puan」となる。
Pehin	ブルネイ及びサラワク州にて使用される。

第3章

会社法務に関するQ&A

● Point ●

マレーシア会社法は2016年に全面改正が行われました。多くの会社運営に係る規定は旧法から引き継がれているものの，定款作成義務の撤廃や定時株主総会の開催義務の免除といった手続の簡素化も織り込まれていることが特徴的です。

この章では定時株主総会，取締役会から，配当金，清算等の会社法務に係る質問をまとめています。

マレーシアの会社における株主総会の役割について教えてください。また，株主総会を開催するに当たっての手続，留意事項について説明してください。

Answer

マレーシアの会社法において，株主総会は株主によって構成され，会社の意思を決定する機関です。

1　株主総会での決議事項

株主総会では主に下記の事項を決議します。

① 取締役の選任

② 会計監査人の選任・解任

③ 増資・減資

④ 定款の作成・変更

⑤ 会社の清算，等

2　定時株主総会

旧会社法においては，全ての会社は株主総会を毎暦年ごと最低1回開催し，監査済み財務諸表の提出，取締役や会計監査人の選任，また，配当の承認決議が行われていました。これを定時株主総会と呼び，決算日より半年以内に開催することが要求されていました。

しかし，新会社法においては定時株主総会の開催を公開会社にのみ義務付けており，非公開会社は株主総会の開催は免除されています。なお，新会社法において，以下の特徴を有した会社が非公開会社として取り扱われます。

▶ 株式会社

- ▸ 50人未満の株主
- ▸ 株式の譲渡制限

　実務的には，マレーシアにおける多くの非上場日系企業が非公開会社に該当すると考えられます。

　公開会社では，定時株主総会は下記の事項を執り行うために開催されます。

① 監査済み財務諸表，取締役報告書及び監査報告書の報告

② 退任取締役の後任取締役の選出

③ 取締役の指名及び報酬の決定

④ その他の必要事項

　この定時株主総会は，毎暦年ごとに1回，期末日より6か月以内，前回の定時株主総会より15か月以内に開催されることが必要です。

　一方で非公開会社においては，前述のとおり定時株主総会の開催義務がなく，旧会社法において株主総会により取り扱われていた事項については，以下の対応をすればよいことになっています。

① 期末日から6か月以内に監査済み財務諸表を株主に送付

② 取締役や会計監査人は書面決議により指名することが可能（総会の開催は不要）

③ 配当は取締役の判断で実施可能

　上記のように，非公開会社は定時株主総会の開催が免除され，決議方法の簡便化・権限移譲がなされているものの，実務的には親会社の監視機能を発揮する場として，継続して定時株主総会を開催している日系企業が多く見受けられます。

3　決議の方法・種類

　非公開会社における株主による決議は，書面決議と株主総会による決議が認められています。なお，書面決議は非公開会社にのみ認められています。さらに決議の種類には，普通決議（Ordinary Resolution）と特別決議（Special Resolution）とがあります。

普通決議とは，株主総会においては出席株主の過半数（Simple Majority），書面決議においては投票の権利を有する株主の過半数の賛成により決議されるものです。なお，株主総会において，"議決権の過半数"ではなく"出席株主の過半数"により決議されるのは総会進行上の利便性のためであり，議決権の過半数による決議も認められます。

特別決議は，総会の招集通知が21日以上前に通知されるとともに，75％以上の出席株主の賛成により決議されるものです。特別決議も一定の要件の下，書面決議や，議決権による決議が認められています。

4　株主総会の定足数・開催場所

株主総会の定足数は一人株主会社を除いて２名です（新会社法第329条）。株主総会の開催場所は，主催地がマレーシア国内であること，また，議長が主催地で参加していることが要求されますが，それらの要件を満たしている限りは自由に決定できます。また，遠隔地にいる株主の利便性向上を目的として，株主の発言や議決権行使の機会が与えられていることを条件に複数場所での総会開催を認めています（新会社法第327条）。この定めに基づいて，電話会議やテレビ会議などを利用した総会の開催も可能と考えられます。

5　株主総会の通知

株主総会の開催は，14日以上前に開催場所・日時を記載した招集通知に基づいて株主に通知することが必要です。なお，特別決議が必要な株主総会の場合，もしくは公開会社が定時株主総会を開催する場合は，21日以上前に招集通知により通知することが必要です。

6　株主総会議事録

株主総会を開催した場合は，決議内容や進行の議事録を作成し７年間保管しておくことが必要です。実務上は，カンパニー・セクレタリー（Q14参照）が作成しています。

Q13 取締役会

　マレーシアの非公開会社における取締役会の役割を教えてください。また，取締役会の開催における留意事項について教えてください。

Answer

　マレーシアにおいて，取締役会は会社の経営管理全般を執行する機関です。会社法や定款により規定されていることを除いて，会社の事業活動に必要な全ての権限を有しているものと規定されています。

1　取締役会における決議事項

①　決算の承認

②　配当の決定

③　カンパニー・セクレタリーの選任

④　利益相反取引の承認

⑤　持株比率に応じた増資

2　取締役会決議の方法

　取締役会の決議方法は，実際に取締役会を開催して決議する方法と，書面決議による方法があります。取締役会を開催する場合，定足数は取締役の過半数であり，また，参加した取締役の全員の同意で決議されます。もし投票による決議となった場合には，過半数の賛成により決議されます。書面決議の場合，決議内容について全ての取締役から同意及び同意の署名を入手することにより決議されます。このように決議された内容は，議事録として記録・保管することが必要です。

3　開催場所

　取締役会を開催する場合，株主総会と同様に，電話会議やテレビ会議などを利用して複数の場所での開催が認められており，例えば日本在住の取締役などの利便性が図られています。

Q14　会社秘書役（カンパニー・セクレタリー）

　マレーシアにおいては，カンパニー・セクレタリーという役職があると聞きました。カンパニー・セクレタリーとはどのような役職でしょうか。また，マレーシアにおいて会社設立をする際には，必ずその役職を設置することが必要でしょうか。

Answer

　会社法において，カンパニー・セクレタリー（Company Secretary）は会社の機関の一つであり，日本語では一般的に会社秘書役といった呼称を使われていることが多いです。このカンパニー・セクレタリーは日本では見られない機関設計です。会社法において，会社はカンパニー・セクレタリーを必ず一人選任する必要があり，その職務は，会社の登記関係の書類作成・申請，株主総会や取締役会の議事録の作成など会社法に基づいた事業運営に係る事務処理を行うことになります。

1　カンパニー・セクレタリーの条件・資格要件

　カンパニー・セクレタリーの条件は会社法において定められており，マレーシアに居住する18歳以上の自然人であること，また，マレーシア国籍を有する者もしくは永住権取得者である必要があります。資格要件は，新会社法のFourth Scheduleに示された特定の団体に所属している者である必要があり，代表的な団体は下記のとおりです。

①　Malaysian Institute of Chartered Secretaries and Administrators

②　Malaysian Association of Company Secretaries

なお，マレーシアにはセクレタリーサービスを提供しているカンパニー・セクレタリー会社が多数存在し，その会社が指定する者をカンパニー・セクレタリーとして選任する形でアウトソースしていることが多く見受けられます。

2　カンパニー・セクレタリーの任命

カンパニー・セクレタリーは原則として取締役により任命されます（新会社法第236条(1)）。なお，最初のカンパニー・セクレタリーは会社設立後30日以内に選任される必要があり，かつCCMへの届け出も必要です。

3　カンパニー・セクレタリーの業務内容

カンパニー・セクレタリーの業務内容は，会社の業務を執行することではなく，会社法に基づく書類作成や届出といった業務が中心になります。また，非公開会社の日系企業の場合，前述のとおり多くがカンパニー・セクレタリー会社と契約を締結し，セクレタリー業務の実務はカンパニー・セクレタリー会社のオフィスにて実施されていることがほとんどです。主な業務内容は下記のとおりです。

①　会社法上の登記事項の書類作成と登記申請

②　アニュアルリターンの登記申請

③　株主名簿の整備

④　（取締役会の指示に基づいて）株主総会の招集通知の作成・発送

⑤　株主総会・取締役会の議事録の作成

Q15　監査役と会計監査人

　マレーシアの株式会社には**監査役という機関**はあるのでしょうか。また，会計監査人の設置義務はあるのでしょうか。

Answer

1　監　査　役

　マレーシア会社法において，会社の機関として株主総会，取締役会といった機関はありますが監査役という機関はありません。ただし，公開会社においては取締役により構成される監査委員会（Audit Committee）を設置することが義務付けられています。

2　会計監査人（Auditor）

　マレーシア会社法では，会社は会計監査人を選任し会計監査を受けることを求めています。なお，会計監査の免除が新会社法第267条(2)において認められており，さらにその具体的な免除要件はCCMから下記のように公表されています。

　1）　休眠会社
　2）　現在及び直近の過去2会計年度において収益がない会社で且つ同期間において総資産がRM 300,000を超えない会社
　3）　以下の基準を全て満たす会社
　　①　現在及び直近の過去2会計年度において売上がRM 100,000を超えない
　　②　現在及び直近の過去2会計年度において総資産がRM 300,000を超えない
　　③　現在及び直近の過去2会計年度末において従業員が5人を超えない

会計監査人として就任するためには，Malaysian Institute of Accountantsに登録した会計士であることが必要です。会計監査人の責任は，会社が作成する財務諸表が会社法及びマレーシアの会計基準に準拠しているか否かについて意見を表明することです。

　非公開会社では，設立時においては，最初に作成する財務諸表のCCMへの提出期限の30日前までに取締役会が会計監査人を選任することが必要であり（公開会社の場合は，取締役会が最初の株主総会前までに監査人を選任），その後は，毎期株主総会の普通決議にて選任することになります。マレーシアにおいてAuditorは会計監査人を指し，日系企業のような会社機関としての監査役を連想することはあまりありません。また，会計監査以外の業務監査は，例えば親会社の内部監査部門の方が担うことが多く見受けられます。

Q16　決算書の提出期限

　当社は12月31日が決算日のマレーシア会社です。会社の監査済財務諸表はいつまでに完成させ，CCMへ提出する必要がありますか。

Answer

　新会社法においては，非公開会社は株主総会の開催は任意という取扱いであり，開催を省略することが認められています。このような非公開会社の場合，監査済み財務諸表は株主に対して期末日後6か月以内に送付し，さらにその後30日以内にCCMへ提出することが要求されます。つまり，監査済み財務諸表のCCMへの提出は，最長で期末日から7か月以内に行うことが求められていることになっています。

3月決算会社のケース（非公開会社）

　なお，上記取扱いは，会社設立初年度においては少々異なります。設立初年度の会社は，設立日から起算して18か月以内に最初の監査済み財務諸表を作成し株主に送付することが求められ，その30日後にCCMへの提出が必要になります。この取扱いにより，初年度における短期間での決算業務負担を避けることができることになります。例えば3月決算の会社で，2017年3月1日に設立した場合に，2017年3月31日までの1か月間を初年度の会計期間とはせずに，2017年3月1日～2018年3月31日までを初年度の会計期間として財務諸表を作成することが認められ，2018年8月末までに監査済み財務諸表を株主に送付すればよい，ということになります。

3月決算会社で3月1日に設立したケース（非公開会社・設立初年度）

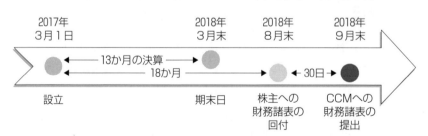

Q17 取締役（Director）の資格

マレーシアに新たに子会社を設立する予定です。マレーシア法人の取締役に関する資格要件を教えてください。また，実務上注意すべき事項を教えてください。

Answer

新会社法においては，取締役は最低1名必要とされています（公開会社の場合，2名）。会社法に基づいた取締役としての資格要件として，以下の事項を満たすことが必要です。

① 18歳以上の自然人であること

② マレーシアでの居住者であること

このように，取締役はマレーシア居住者であることが求められるため，設立時において，日本の親会社の従業員が取締役に就任することが困難なケースがあります。このため，実務的には，会社設立準備の段階ではカンパニー・セクレタリー会社が名義上の居住者取締役を手配し，設立後において日本人駐在員がマレーシアに居住地を確保した時点で取締役に就任することが多く見受けられます。

上述の要件とは別に，取締役としての欠格事由も下記のように定められています。

▸ 破産者（ただし，裁判所の許可など一定の条件に基づく就任が可能）

▸ 会社設立，会社の経営に関する有罪判決を受けた者

▸ 贈収賄・不正行為等で有罪判決を受けた者

▸ 会社法に定められている一定の事項に関する違反をした者

▸ 裁判所が不適当と認めた者

Q18 取締役の義務

マレーシアの子会社の取締役に選任されました。一般的な取締役の義務について教えてください。

Answer

一般的な取締役の義務として、信任義務（Fiducial duty）を負うこととされており、取締役は誠実に、且つ適切に会社の利益のために行動することが要求されますが、これ以外にマレーシア会社法に具体的に規定されている事項の1例は下記のとおりです。

▶ 利害関係の報告・開示義務

新会社法第221条において会社と利害関係を有する可能性がある場合、速やかにその旨を取締役会において報告することが求められています。

▶ 財務諸表の作成や適切な会計帳簿の作成・保管義務

新会社法第248条において、取締役は財務諸表を作成することが求められ、また、この財務諸表は会計監査人による監査が完了していることが必要です。さらに、第245条において、適切な会計記録・証憑を作成・保管することが取締役の義務として定められています。

▶ （公開会社の場合）内部統制の構築

新会社法第246条において、公開会社及びその子会社の取締役は、資産の保全や適切な取引が適切に承認され記録されることを担保するための内部統制を構築し維持することが求められます。

Q19 マネージング・ダイレクター（MD）

　マレーシアの会社において社長職に相当するポジションにいる取締役はマネージング・ダイレクターと呼ばれています。日本の代表取締役と同様でしょうか。

Answer

　日本の代表取締役とマネージング・ダイレクターは同一のものではありません。

1　日本の代表取締役

　日本の会社法では，例外はあるものの，会社は代表取締役を選任しなければならないこととなっており，法律上で要求されている役職となります。会社の業務上の意思決定は取締役会でなされますが，その決定を実行する機関として代表取締役が選任され，会社を代表することになります。

2　マレーシアのマネージング・ダイレクター

　一方でマレーシアのマネージング・ダイレクターは法律上の会社の機関ではありません。マレーシア会社法におけるマネージング・ダイレクターは，取締役会が業務を遂行するにあたり，一部の権限を委譲し業務を遂行させるために定款に基づいて選任する役職となり，その権限も様々です。選任が必須なポジションではありませんが，実務上はほとんどの会社で最高責任者（いわゆる社長）をマネージング・ダイレクターとして選任しています。

　マレーシアの非公開会社の取締役はどのように選任されるのでしょうか。また，退任や解任の制度はどのようになっていますでしょうか。

Answer

1　取締役の選任

　マレーシアの取締役は，設立時においては会社設立時に作成しCCMに提出される設立登記書類に取締役として記載された者が取締役になります。設立後における新任・再任・交代などのための選任は，株主総会の普通決議により選任されます。

　なお，取締役として選任した者からは，取締役就任に対する同意書や欠格事由に該当しないことの宣誓書を書面で入手しておくことが必要です。

2　取締役の退任と解任

　非公開会社の場合，会社法において取締役の任期に関する明確な取り決めはなく，実務的には定款の定めや取締役会の決議に基づいて随時決定されます。また，一方で取締役自身も書面で通知することにより，居住取締役が不在になる場合を除いて，いつでも取締役の職務を辞任することができます。

　取締役の解任に関しては，定款に別の定めがある場合を除いて，会社は普通決議に基づいて取締役を解任することができます。しかし，その場合，"Special Notice" と言われる28日以上前の議案の通知が必要となるので注意が必要です。

Q21 取締役の利害関係の開示

　マレーシア子会社の取締役として赴任する予定です。取締役として会社との利害関係が生じた場合にどのような対応が必要となりますでしょうか。

Answer

　マレーシア会社法において，全ての取締役は，常に適切且つ誠実にその職務を執行することが求められています。そのため，直接・間接的に会社と利害関係を有するような場合，速やかにその内容を取締役会に開示することが求められます。例えば，会社が必要な資産を取締役もしくは取締役が有する会社から購入する場合が考えられます。また，この利害関係には取締役のみならずその配偶者や子供も含まれるため注意が必要です。

　取締役から利害関係に関する通知を受け取った取締役会においては，当該取引を実施するかどうか検討・決議しますが，当該取締役はこの取締役会において議決権を行使することは認められていません。

　この規定に違反した者は，５年以下の禁固刑，又はRM 3,000,000以下の罰金，もしくはその両方の罰則を受ける可能性があります。

Q22 取締役に対する貸付

　取締役への貸付を行うことを考えていますが，会社法上問題はありますでしょうか。

Answer

取締役が会社と取引をする場合，会社の利益を犠牲にして自己の利益を図る

恐れがあるため，マレーシア会社法においてはそのような利益相反取引に対して一定の規制を設けています。

新会社法第224条において，会社が当該会社の取締役への貸付を行うことは原則禁止されています。また同様に，取締役の借入に対して，債務保証を行うことや担保を提供することも認められていません。

しかし，下記のような例外的な場合には貸付等が認められます。

① Exempt Private Company の場合

　（非公開会社のうち，株主が20名以下で全ての株主が個人である会社）

② 会社の目的のための支出や，取締役の職務を遂行するための支出に充てるための貸付

③ 常勤取締役に対する，その住宅の取得費用のための貸付

④ 事前に承認された貸付制度に基づいた常勤取締役への貸付

なお，②及び③の場合，事前に株主総会での開示と承認が必要になります。これらが事前の承認がなかった場合，貸付等の実行日から12か月以内に返済することが求められます。

この第224条に違反した場合，5年以下の禁固刑，又は，RM 3,000,000以下の罰金，もしくはその両方の罰則が適用される可能性があります。

Q23　配当金の支払い

当社はマレーシアにて設立された会社で親会社は日本に所在しています。日本の親会社への配当を考えていますが，会社法上注意すべき点を教えてください。

Answer

配当を実施する場合，旧会社法においては株主総会決議が必要でしたが，新会社法においては，会社に債務支払能力がある場合は利益より配当することが

認められており，手続としては取締役の承認により可能という取扱いになっています。配当の回数に関しては制限がないため，上記の要件を満たしている限りは複数回の配当が認められます。

会社の債務支払能力については，配当実施後12か月以内に支払期限が到来する債務を支払うことができると判断される場合に債務支払能力があると判断することができます。

配当の原資となる利益については，会社法上は利益（Profit）としか記載がなく，利益の定義が明確にされていません。欠損金が生じている場合にも対象期において利益を計上していれば配当が可能かどうかは，実務上は欠損金を解消した以降において配当をしているケースが多いと見受けられますが，弁護士などの適切な専門家に相談することが必要です。

配当の意思決定が総会ではなく取締役の承認により配当できるように改正されたことは，手続が簡素化されたことと同時に，会社法の規定に従った配当を実施していることを取締役が責任をもって判断することが要求されることを意味します。このため前述の債務支払能力に関する判断プロセスを適切に記録として残しておくことが必要です（なお，減資の際に求められるSolvency Testの実施は求められていません（Q26参照））。関連する規定に違反した場合に，5年以下の禁固刑，又はRM 3,000,000以下の罰金，もしくはその両方の罰則が適用される可能性があります。

Q24 種類株式の内容・取扱い

配当や議決権等の権利内容の異なる複数の種類の株式を発行することは可能でしょうか。

Answer

マレーシアでは定款に定めることにより，普通株式に加えて，複数種類の株

式の発行が認められます。この種類株式には，株主による償還が可能な株式や，剰余金や残余財産の配当に関する優先的な取扱いを認める株式，議決権について特別な取扱いを認める株式，といったものが規定されています。なお，優先株式を発行した場合には，会社の定款への記載が必要になることに加えて，会社定款をCCMに届出をする必要があります（定款の取扱いについてはQ8参照）。

Q25　増資と株券，株主名簿

　当社のマレーシア子会社の増資を考えていますが，会社法においてどのような手続が必要になりますか。また，株券の発行をする必要はありますか。

Answer

　マレーシア会社法において増資をする場合，通常は株主総会の承認が必要ですが，既存株主の持株比率に応じた新株の発行については，取締役会の決議により発行が可能です。増資をした場合，増資後14日以内にCCMへ届出をすることが必要です。

　マレーシアでは，株主から要求されない場合，株券を発行する必要はありません。もちろん株主からの依頼があった場合には株券を発行する必要があり，この株券には株主名，株式の種類，株数を記載していることが必要です。

　なお，この株券により株主としての権利を保有していることを証明できるものではありません。株主としての権利を有していることは，株主名簿への株主としての記載がなされていることにより主張できることとなります。当該株主名簿の更新はカンパニー・セクレタリーが行いますので，株主名簿の更新が必要になった場合にはカンパニー・セクレタリーに適時・適切に株主名簿を更新するように指示をする必要があります。さらにその株主名簿の変更は，変更後14日以内にCCMに届出をする必要があります。

Q26 減　資

　当社のマレーシア子会社は，過去赤字続きで欠損金が発生しています。いわゆる無償減資を行い，資本金と欠損金を相殺したいのですが，この場合の手続を教えてください。

Answer

　会社の減資は，会社債権者保護という観点から厳格な手続が求められることになり，旧会社法においては①株主総会の特別決議に加えて，②裁判所への申請及び承認が必要とされていたことから，減資が必要な場合の阻害要因となっていました。この点，新会社法第115条において一定の緩和策が導入されており，以下の条件において減資をすることが認められています。

- ▶ 株主総会の特別決議と裁判所の承認
- ▶ 株主総会の特別決議と債務支払能力の証明（Solvency Statement）

　以下，特別決議とSolvency Statementに基づく減資について説明します。

1　減資の決議要件とSolvency Test

　会社は，下記の条件を満たした場合に特別決議による減資を実行することが認められています。

　1)　特別決議より7日以内に，マレーシア内国歳入庁長官（Director General, DG）及びCCMに対して特別決議の内容を届け出ること，かつ

　2)　債務支払能力を有することを証明するためのSolvency Test（下記）を実施すること

　①　全ての取締役によって減資後においても会社が債務の支払能力を有していることを確認してSolvency Statementを作成・署名する（減資直後やその後12か月以内に当該会社が債務の支払いが可能であることを確認するために，キャッシュフローやバランスシートの観点からの支払能力の検討が求められ

る）

②　Solvency Statement は特別決議前14日以内に作成

③　Solvency Statement は１）の届出に添付する必要がある

２　公　　告

　減資の特別決議が承認された後，会社は以下の手続を実施することが必要です。

　　１）　特別決議後６週間，会社の登録所在地においてSolvency Statementを保管して，債権者が閲覧できるようにする

　　２）　前述のように，特別決議後７日以内にCCMやDGに決議の事実，決議，決議内容を届け出る

　　３）　特別決議後７日以内に，国内のマレー語新聞及び英語新聞（それぞれ１社ずつ）において減資の事実を公告する

３　減資の効力発生日

　前述の手続を実施し債権者より不服申立てがない場合，会社は特別決議より７週目及び８週目の間に以下の資料をCCMに提出することが必要です。

　　１）　特別決議の写し

　　２）　Solvency Statementの写し

　　３）　Directors' Statement（１の１）２）の手続を済ませていることや債権者からの不服申立てがなかったことを記載）

　　４）　公告をしたマレー語新聞及び英語新聞の写し

　CCMが，上記の資料を受領し登記手続を完了した時点で減資の効力が発生することになります。

Q27　会社の清算

当社のマレーシア製造子会社は，他国への生産移管のため清算することとしました。株式会社の清算の手続について教えてください。

Answer

マレーシアではCCMに登記をすることにより設立が認められ，登記が削除されない限りは法的には存続することになります。株式会社の登記の削除は清算により行われ，その方法は以下の2つがあります。

1）　任意清算

2）　強制清算（裁判所の命令による解散）

任 意 清 算

任意清算では，株主による清算決議を経て清算をすることになり，以下の2種類があります。

1）　株主による任意清算

2）　債権者による任意清算

貴社のケースでは，債務の支払能力があるという前提で，後述する取締役による法定の宣誓書の作成を行い，株主総会で清算人を選任し清算決議をする"株主による任意清算"という形をとることになります。なお，"債権者による任意清算"は，会社に支払能力がない場合に採られる方法ですが，日系企業の多くは"株主による任意清算"を選択しています。株主による任意清算の一般的な手続は以下のとおりです。

① 　取締役は債務の支払能力があることを示す宣誓書を作成した上で，清算のための株主総会の招集通知を発送します。宣誓書の作成にあたっては以下について注意が必要です。

a　宣誓書は，清算決議のための株主総会の招集通知が発送される前に作成される必要がある。ただし，清算決議前の５週間以内であることも必要

b　取締役が複数人存在する場合は，過半数の取締役により作成・署名される必要がある

c　宣誓書には下記の事項を記載することが必要

　　i　会社の関連部署に聞取り調査を行ったこと

　　ii　清算手続きが開始した後12か月以内に，会社が全ての債務を支払うことができると判断していること

　　iii　会社の資産・負債や清算に係る見積費用の明細

d　総会の招集通知の発送前にCCMに宣誓書を届け出る

② 株主総会において清算決議を行います。定款において会社の存続期間が定められ，その存続期間が過ぎている場合は普通決議により，それ以外の場合は特別決議により決定します。当該決議により清算手続が開始されることになります。また，会社は１名以上の清算人を任命しますが，この任命により取締役会の権限は停止されます。

　　清算決議後７日以内に，決議書をCCMに登記し，また，マレー語新聞・英語新聞において公告します。

③ 清算手続が開始された後は，清算人が会社の資産の処分による現金化，債務の支払い，税務や社会保障等の義務を果たしていることを示すクリアランスの入手，残余財産の分配といった手続を進めていきます。清算手続は一般的には１年半から数年を要することが多く，清算人は清算手続開始後，１年ごとに株主総会を開催し清算手続の状況を説明することになります。さらに清算手続が完了した場合，清算人は直ちに最終株主総会を招集し，清算手続が終了したことを報告し，最終的な会計報告を行います。その後，最終株主総会を開催したことを会計報告とともにCCMに届け出ることが求められ，当該届け出の３か月後に法人格が消滅することになります。

　ブミプトラとはマレー語で「土地の子」を意味しマレー系住民や先住民を指す総称のことです。マレーシアは歴史上，19世紀のイギリスによる植民地時代にスズの採掘やゴムのプランテーションのため中国やインドから外国人労働者が移民してきました。現在のマレーシアの人口構成は，この時代の移民に大きく影響を受けています。これら移民によりマレーシアに移り住んだ住民とは区別して土着のマレー系住民のことをブミプトラと呼んでいます。

　その後，時代の経過とともに非マレー系住民とマレー系住民との経済格差が広がったことを背景として，マレー系住民の地位向上を図るためにマレーシア政府によるマレー系優遇政策が取られました。この政策のことを総称してブミプトラ政策といいます。その内容の例として以下のものが挙げられます。

1　就職面での優遇

　　公務員や政府系企業への就職はマレー系が優遇されています。また一部の業種についてはマレー系住民を積極的に雇用することを義務付けられています。

2　税制面での優遇

　　税制面では直接的にマレー系優遇を謳ってはいませんが，比較的所得の低いマレー系住民が優遇されるよう低所得者層に対して様々なインセンティブを設けています。

3　会社経営面での優遇

　　外資規制（Q2参照）により，ブミプトラ出資割合が条件として設けられている業種もあります。

　　その他，生活の様々な局面でマレー系住民が利益を享受できるような政策がマレーシアでは採用されています。

第4章

法人税に関するQ&A

━● Point ●━

　マレーシアでは，所得税法において法人及び個人の所得税が規定されています。日本の法人税と同様，会社上の利益に調整を加えて課税所得を計算するため，会計上の処理と税務上の処理の違いを押さえる必要があります。

　法人税の納税申告書は決算日後7か月以内にマレーシア内国歳入庁（Inland Revenue Board of Malaysia, IRB）に提出する必要があります。

　また法人税申告書と同様に移転価格文書についても作成する必要があります。

　この章の前半では，マレーシアの法人税の概要を説明し，後半部分ではパイオニア・ステータス，投資税額控除といった税務上のインセンティブやマレーシアの移転価格税制について説明をしています。

マレーシア法人税はどういった特色があるのでしょうか？

Answer

マレーシア法人税の主な特徴は以下のとおりです。

1 課税所得の範囲

居住及び非居住法人においては，マレーシアで発生もしくは由来のある所得についてのみ課税されます。ただし銀行，保険業，船舶業及び航空業を営む居住法人については全世界所得が課税対象となります。管理及び統制が実際にマレーシアに行われている場合，その法人は居住法人とみなされます。設立された場所がマレーシアであることは居住・非居住の判定においては関係ありません。

2 税務上の恩典

マレーシアでは特定の産業及び地域における投資促進を目的としたタックス・ホリディや投資税額控除といった税務上の恩典が広範囲にわたって提供されています。

3 ラブアン国際ビジネス金融センター

マレーシア政府は1990年代において，東マレーシアのラブアン島に国際ビジネス金融センターを法制化しており，当該スキームで設立された法人（以下ラブアン法人）については税務を含め特別な取扱いを設けています。マレーシア居住者はラブアン法人と事業を実施することは認められており，またラブアン法人株式の保有や貸付も認められています。しかしながらマレーシア居住者と事業を実施するラブアン法人は当該スキーム上の税務上の恩典が認められない

場合があります。

　ラブアン法人においてはラブアンにおける特定の事業活動から生じた利益に対して３％の課税が行われます。詳しくは「Q 69 ラブアン」をご参照ください。

4　自己申告制度

　法人税の納付については自己申告制度が取られており，法人は決算日後７か月以内に税務申告書を当局に提出しなければなりません。税務申告は申告書の提出日をもって申告を行ったとみなされます。2014課税年度より電子申告による提出及び監査済み財務諸表をベースとした申告を行わなければならないとされています。

5　外国税額控除

　マレーシア国内法では，一定の条件の下，双務もしくは片務での外国税額控除が認められています。しかしながら一般法人について外国源泉所得は課税対象とされていないことから，外国税額控除は適用されないことになります。一方銀行業，保険業，船舶業及び航空業を営む法人については上記のとおり全世界所得が課税対象とされるため，外国税額控除が認められる場合があります。

Q29　法人税の税率

　マレーシアの法人税の税率はいくらでしょうか？　またマレーシアには地方税はあるのでしょうか？

Answer

　居住者や非居住者によって取扱いが異なりますが，2016年課税年度より最大税率は24％となっています。またマレーシアには住民税や事業税といった地方税はありません。

1　マレーシアの法人税率

2016課税年度より居住者及び非居住者ともに24％となっております。ただし払込資本がRM 2,500,000以下の居住者については，算定された課税所得のうち最初のRM 500,000については17％となっております。

なお2017課税年度及び2018課税年度については以下のような減税策がとられています。

区　　分	税　　　率
マレーシアで設立された居住者のうち払込資本がRM 2,500,000以下の会社	・　算定された課税所得のうち最初のRM 500,000…18％（2019課税年度より17％） ・　上記を超える課税所得…課税所得の増加割合により20－24％＊（2019課税年度より24％）
マレーシアで設立された居住者のうち払込資本がRM 2,500,000超の会社	・　課税所得の増加割合により20－24％＊
非居住者である会社又は支店	・　24％

＊　増加割合については以下のとおり。

前課税年度における課税所得からの増加割合	軽減税率	軽減後の税率
5％未満	なし	24％
5％以上9.99％以下	1％	23％
10％以上14.99％以下	2％	22％
15％以上19.99％以下	3％	21％
20％以上	4％	20％

2　近隣諸国の税率

東アジア及び他のアセアン諸国の一般企業の法人税率は以下のとおりです（2018年12月31日現在）。

なお，これらは法人税率の最高税率を記載しています。日本のように法人税の他に法人事業税，法人住民税が課されるなど，国ごとに税制が異なっていま

す。単純に法人税率だけで企業の税負担を測れない場合もあるのでご留意ください。

国　名	税率	国　名	税率	国　名	税率
日本	23.2%	シンガポール	17%	カンボジア	20%
韓国	25%	タイ	20%	ラオス	24%
中国	25%	フィリピン	30%	ミャンマー	25%
台湾	20%	ベトナム	20%	ブルネイ	18.5%
香港	16.5%	インドネシア	25%		

　各国は自国企業の国際競争力を高めるとともにグローバル企業の誘致を促進するため，近年税率を下げる傾向にあります。マレーシアにおいても一貫して減税策を打ち出しており，現在近隣諸国と比べて平均的と言えるレベルとなっています。

Q30　法人税の申告スケジュール

　マレーシアの法人税申告，納税の事務手続を説明してください。

Answer

　決算日後 7 か月以内にマレーシア内国歳入庁（Inland Revenue Board of Malaysia，以下「IRB」）に提出する必要があります。また課税年度開始30日前までに翌課税年度の見積法人税額もIRBに提示するとともに，同額を月数按分し，毎月15日までに分割納付しなければなりません。

　ここでは12月31日決算日会社の2018課税年度におけるケースを見ていきたいと思います。

2017年12月１日：2018課税年度見積法人税額の申告期限（Form CP204）

2017年12月31日：2017課税年度決算日

2018年２月15日：第１回分割納税（2018年１月分）（以下毎月15日まで）

2018年６月30日：2018課税年度見積法人税額修正期限（第１回Form CP204A）

2018年７月31日：2017課税年度確定申告期限（Form C）

2018年９月30日：2018課税年度見積法人税額修正期限（第2回Form CP204A）

2018年12月１日：2019課税年度見積法人税額の申告期限（Form CP204）

2018年12月31日：2018課税年度決算日

１　見積法人税

　全ての法人は課税年度開始日の30日前までに当該課税年度の見積法人税額を所定のフォーム（Form CP 204）に記載してIRBに提出する必要があります。見積法人税額がゼロである場合でも同様です。なお見積法人税額は前課税年度の見積額（もしくは修正見積額）の85％を下回ってはならないとされています。

　また当該課税年度中に事業を開始した場合は事業開始日より３か月以内（事業開始日より３か月以内に次課税年度開始日の30日前の日が到来する場合は次課税年度開始日の30日前まで）に当課税年度の見積法人税額を提出する必要があります。

2　分割納税

　1で算定された見積法人税額を月数按分した金額を翌月15日までにIRBに納付しなければなりません。例えば2018年1月分の納付期限は2018年2月15日となります。なお事業開始初年度については事業開始から6か月目から納付を開始する必要があります。

3　見積法人税額の修正

　上記見積法人税額は課税年度の6か月目及び9か月目に修正することが認められています（Form CP 204 A を提出）。修正後の見積法人税額が納付済みの金額を超過する場合にはその差額を残りの月数で按分して納付します。逆に修正後の見積法人税額が納付済みの金額を下回る場合，以後の分割納税は必要ありません。

4　確定申告書の提出・納付

　全ての法人は期末日後7か月以内に確定申告（Form Cの提出）を行い確定申告額と分割納税額の差額をIRBに納付しなければなりません。なお申告時には決算書や課税所得の計算明細（Tax Computation）を添付する必要はありません。修正申告をする場合，申告期限から60日以内であれば10％，60日超6か月以内であれば15.5％の延滞税が課されます。

5　ペナルティ

　以下のペナルティが規定されています。

見積法人税額の提出漏れ	RM 200〜20,000の過料もしくは6か月を超えない期間の禁固又はその両方
分割納税遅延	分割納税額の10％
最終納税額との相違	①　確定申告額＞見積法人税額（又はその修正額） 　　かつ ②　①の超過額＞確定申告額の30％の場合，②の差額の10％

確定申告の申告漏れ	RM 200〜20,000の過料もしくは6か月を超えない期間の禁固又はその両方 2年以上申告していない場合，RM 1,000〜20,000の過料もしくは6か月を超えない期間の禁固又はその両方及び当局により算定された見積法人税額の3倍の金額が課される。
確定申告額の納付遅延	未納付額の10％（申告期限から60日過ぎても納付しない場合，更に5％賦課される）

Q31 居住者・非居住者について

　当社はマレーシアに子会社を有しておりますが，税務上居住者とみなされない可能性があると言われました。居住者・非居住者で何か違いがあるのでしょうか？

Answer

　マレーシア税法上，居住者及び非居住者は以下のように区別されています。

1　居住者・非居住者の区別

　マレーシア税法上，法人の居住性は管理支配地主義によりなされますので，事業の管理及び統制がマレーシア国内で行われていれば，その法人は居住者とみなされます。具体的には取締役会がマレーシアで開催されているかどうかという点が重要な判断基準となり，マレーシアで設立されたかどうかは関係ありません。なお居住者・非居住者の判定は課税年度ごとに行われます。

2　居住者・非居住者の差異

　居住者はマレーシアが各国と締結している租税条約の恩典を享受できますが，非居住者は租税条約の適用対象とはなりません。また非居住者ではQ28で説明した税務上の恩典が受けられません。更に非居住者は源泉税の対象となります。

Q32　課税対象となる所得

マレーシアにおいて法人税の対象となる所得の範囲について概要を説明してください。

Answer

　1967年所得税法（以下「所得税法」）上，課税対象となる所得は①マレーシアにて生じた所得（Accruing in），②マレーシアで稼得した所得（Derived From），③マレーシア国外から受領した所得（Received From Outside Malaysia）とされています。ただし③については銀行・証券・海運・空運といった業種を除きマレーシア国外で稼得し，国内へ送金された所得については課税対象外となっています。

　また所得の種類としては税法上以下のものが挙げられています。

- ・　事業所得（Gains or Profits From a Business）
- ・　利子・配当所得（Dividends, Interest or Discounts）
- ・　資産所得（Rents, Royalties or Premiums）
- ・　その他（Gains or Profits From Other Sources）

Q33　資本取引

マレーシアではキャピタル・ゲインは課税されないと聞きました。その概要について説明してください。

Answer

　所得税法上，資本取引と損益取引は区分されており資本取引は非課税取引とされています。したがってキャピタル・ゲインは資本取引に該当するため益金

に算入されない一方で，キャピタル・ロスといった資本的支出も損金算入が認められておりません。

一般的に以下の支出については資本的支出とみなされます。

・　資産の存在やビジネスにおける永続的な利得をもたらす目的による支出
・　固定資本（Fixed Capital）に関連する支出
・　有形資産・無形資産を取得するための支出
・　事業構造（Business Structure）に関連する支出
・　創業費・開業費

なお，キャピタル・ゲインについては上記のとおり所得税法上は非課税ですが，別途不動産譲渡益税（RPGT）にて課税対象となる可能性があるのでご留意ください。

Q34　課税所得の算定

マレーシアの課税所得（Chargeable Income）の算定方法はどのようになっていますか。また，日本との違いは何でしょうか。

Answer

マレーシアでも課税所得の算定にあたっては，日本と同様に法人税計算書（Tax Computation）（日本の「別表四」のようなもの）上で，会計上の利益に申告調整項目を加算，減算して課税所得を算定します。

ただし，以下のような相違点があります。

1　会計上の利益と税法上の所得

マレーシアでは，課税所得は会計上の利益をもとに算定されるものの，日本と比べると会計と税務は相互に独立していると言えます。会計帳簿上の利益と税務計算上の利益は明確に区分されており，例えば日本の法人税法のように損

金経理を要件として損金として認めるというような規定はありません。この点からみる限り，日本のように税法によって会計上の利益がゆがめられることはありません。

2　所得の分類

　所得は事業所得，利子・配当所得，資産所得（不動産賃貸料等），その他マレーシアで受け取った国外源泉所得に分類され，それぞれ課税所得を計算しなければなりません。

　日本では法人所得について分けて計算する必要はありません。

3　課税所得計算

　法人税における課税所得計算の大まかな構造は以下のとおりです。

事業所得（Business Income）

税引前利益（Profit before taxation）	xxx
加算（Add）：（例）会計上の減価償却費，交際費	＋　xxx
減算（Less）：（例）二重控除	△　xxx
調整後所得（Adjusted Income）	xxx
キャピタル・アローワンス	△　xxx
未控除のキャピタル・アローワンス	△　xxx
法定所得（Statutory Income）	xxx
税務上の繰越欠損金（Unabsorbed business brought forward）	△　xxx
その他法定所得（Statutory Income）：（例）資産所得，	＋　xxx
総法定所得（Aggregate Statutory Income）	xxx
加算（Add）：（例）インピュテーション方式による配当（現在廃止）	＋　xxx
課税所得（Chargeable Income）	xxx
税額（Income tax payable）：課税所得×税率	xx

Q35　税務上の申告調整項目

マレーシアの税制上，申告調整が必要な項目はどのようなものがあるでしょうか。具体的に教えてください。

Answer

マレーシア税務において，申告調整が必要な主な項目は以下のとおりです。

	項　　目	摘　　要
1	所得税法第107A条，109A条，109B条，109F条に規定されている源泉税に関して，源泉徴収義務を怠った場合の支払額	Q53からQ56参照
2	（会計上の）減価償却費及びキャピタル・アローワンス	Q37，Q41参照
3	キャピタル・アローワンスを除く資本的支出	Q37，Q41参照
4	引当金・準備金	Q43，Q44参照
5	支払利息	Q46参照
6	交際費	Q47参照
7	寄付金	Q48参照
8	開業費	Q49参照
9	その他所得税法第39条で損金として認められないと規定されている項目	・私的費用 ・政府により認定されていない年金等の支出額 ・RM 50,000（特定の要件を満たす場合RM 100,000）を超える自動車のレンタル費用 ・LLPの社員に支払う報酬　etc.
10	キャピタル・ゲイン	Q33参照

Q36　二重控除制度

二重控除制度について教えてください。

Answer

　所得税法上，一定の費用項目については計上額の２倍の金額を課税所得の計算上控除することが認められています。主な対象項目と要件等は以下のとおりです。

項　　目	要　　件　　等
障がいがある従業員に対する給与	・　従業員が肉体的もしくは精神的に障がいがあることについてのマレーシア内国歳入庁長官（Director General，以下「DG」）による承認 ・　所得税法第33条に基づく給与であること ・　当インセンティブは事故や重大な病気により社会保障機構（SOCSO）が労働の範囲について認定している従業員の雇用についても適用される
財務大臣により承認を受けた輸出保険に係る支払保険料	・　所得税法第33条に基づく支払保険料であること
研究費	・　（ⅰ）財務大臣の承認を受けること，もしくは（ⅱ）1986年投資促進法第31Ａ条に基づき承認を受けた産業調整＊に参加した者によって実施されること ・　上記（ⅱ）の場合，承認日より10年以内に支出されること 二重控除の申請は期末日の６か月前までにIRBに直接提出する必要があります。 2016課税年度から2018年課税年度までは払込資本金がRM 2,500,000を超えない法人について，IRBへの申請を条件に各年度RM 50,000までの二重控除が認められています。 ＊　製造業の特定のセクターにおいて，産業面における自給自足の強化，産業技術の改善，生産性の向上，天然資源の利用における効率性の向上，マンパワーの効率的な管理を目的としたセクター内における組織再編等のリストラクチャリングを企図とする活動のこと（財務大臣による承認が必要）。

承認済の研究所等への現金による寄付，又は支払手数料	・ 研究所等が所得税法もしくは1986年投資促進法上の定義に該当すること
研修費用	・ 研修施設が実施する研修プログラムであること ・ 管轄官庁（e.g 製造業であればMIDA）が承認した研修プログラムであること　等
現地の保険会社に支払われた輸出入貨物に関する支払保険料	・ 当該リスクがマレーシアにて設立された保険会社によって負担されること ・ 所得税法第33条で減算が認められる費用であること
サバ州・サラワク州から半島マレーシアへの発送に係る運送費用	・ 製造業に限る ・ 半島マレーシアの港を利用すること
パイオニア期間中に支出した研究開発費	・ パイオニア期間中は二重控除を適用せず発生した研究開発費を繰り越し，パイオニア期間後に累積繰越額を課税所得の計算上控除することも認められる。二重控除を適用するかどうかの選択は年度ごとに実施する。
品質システムや特定の基準による認証，又はハラル認証を取得するための支出	・ 管轄大臣が承認する認証機関が発行した認定証
保育所の設立・維持に関する支出又は従業員への育児手当の支払い	・ 従業員の福利厚生のために設立し，社会福祉省による認定を受けた保育所であること

Q37　減価償却費（キャピタル・アローワンス）

マレーシア税務における減価償却費の取扱いを教えてください。

Answer

　マレーシア税務において，減算できる支出は原則損益取引に関するものに限られており，所得税法において，一部の不動産取引を除きキャピタル・ゲイン及びキャピタル・ロスに関する規定は設けられておりません。しかし投資促進といった政治的・経済的な理由から税務上の減価償却（キャピタル・アローワンス）が認められています。

　固定資産に関して資本的支出の損金計上が認められない理由の一つに，納税者にとってその支出がより厳密的な意味で現実的な損失ではないことが挙げられます。すなわち，その支出はある資産（現金等）から別のある資産（建物等）に置き換わったに過ぎないという理屈です。なお，税務上「資本的支出」には資産の取得に加え，法務費用，借入金利子，印紙税等の付随費用も含まれます。これらの費用は往々にして資産取得のためのコストと扱われます。

　原則として，キャピタル・アローワンスは経年劣化や利用の度合いによって生じた減耗に対して認められるものであるため，いわば税法にしたがって算出された減価償却と言えます。

　資本的支出と扱われる支出については原則２つの種類があります。一つは減耗，破損等により資産性が認められなくなった事象に関するものです。もう一つは資産の取得もしくは創出に関するものです。マレーシア税法上においてもこの２つのタイプの支出について取り扱われています。

　一般的にキャピタル・アローワンスは以下のような種類があります。

・　減耗償却（Depletion Allowances）…採掘事業に適用

- 探鉱支出に関する控除（Prospecting Expenditure Deductions）…採掘事業に適用
- 農業及び林業関連償却（Agriculture and Forest Allowances）…農地及び森林における建設関連に適用
- 認定農業プロジェクトに関する控除（Approved Agricultural Project Expenditure Deductions）…2006年より削除
- 取得時償却（Initial Allowances, "IA"）…プラント，機械，及び工業用建物に適用
- 年次償却（Annual Allowances, "AA"）…年次で適用。プラント及び機械については想定される通常の稼働期間に応じて償却率が定められている。工業用建物については3％の償却率が適用される。

なお，IAとは事業の用に供した初年度において償却が認められるものであり，AAは年次で適用されるものです。また初年度においては両方の償却が認められます。例えばIAが20％，AAが20％の資産の場合，取得価額が100とすると初年度では40（IA：20，AA：20）のキャピタル・アローワンスが税務上認められます。したがって，当該資産の税務上の償却は4年で終了することになります。

- 差額償却（Balancing Allowances）又は差額賦課（Balancing Charge）…キャピタル・アローワンス対象資産の使用を中止，売却，除却の際に適用される。
- 適格修繕及び改修支出（Qualifying Renovation and Refurbishment Expenditure）：2009年に公表された第2次景気刺激策における時限的な取扱い，2009年3月10日から2012年12月31日の間に支出された事業所に対する適格修繕費及び回収支出に対して適用された。
- 取替法（The Renewal Basis）…資本的支出の代替手段

プラント・機械及び工業用建物についてキャピタル・アローワンスの対象となる支出は以下のとおりです。

1　プラント・機械

- ・　事業目的によるプラント・機械を取得するための支出
- ・　プラント・機械の据付を目的とした既存の建物の置換えに関する支出及び据付に付随する支出
- ・　プラント・機械の据付のための整地に関する支出。ただしもし当該支出額がプラント・機械の取得及びその他の付随する支出の10％を超える場合には当該支出の取得原価算入は認められない。
- ・　養魚池，畜舎，養鶏場，ケージ，建物（役員等の住居として一部又は全部利用しているものを除く），その他農業・畜産業に利用する目的で土地の基盤整備を実施するための支出

2　工業用建物

　キャピタル・アローワンスの対象となる資本的支出は工業用建物として使用することを目的として建設・取得に要した支出となります。

　工業用建物には以下のものが含まれます。

- ・　工場
- ・　ドック，埠頭，桟橋，その他同種の建物
- ・　（第三者へ賃貸することを目的とした）倉庫
- ・　水道・電気等の公共事業や電気通信サービスに使用するための建物
- ・　鉱業及び農業に使用するための建物
- ・　鉱業に関連する作業場等

　また，付随費用として認められる支出には例えば以下のようなものがあります。

- ・　建築家への報酬
- ・　建設に関し当局からの承認を得るための準備に要した支出等
- ・　既存の建物の取り壊し費用含む整地のための支出
- ・　建設に付随する労務費，材料費，運搬費，管理費用その他間接費

- 建設のための借入金利子（工事完成まで）
- 別工事として行われた上下水道工事，電気工事等の支出
- 空調設備据付のための支出
- 建物取得のための法務費用，印紙税等（土地取得のための費用は対象外。また借入金に対する労務費用も対象外）

　プラント，機械，工業用建物に関する取得時償却及び年次償却の償却率は以下のとおりです。なお以下の償却率は取得価額に対して課されます（定額法）。

(1) プラント，機械

種　　　　類	IA	AA
（標準税率）		
重機械及び自動車	20%	20%
プラント及び機械（一般的なもの）	20%	14%
その他	20%	10%
使用期間が2年を超えない資産	−	取替法
（特別税率）		
公共交通に使用する天然ガスを燃料とするバス及び天然ガスを供給するための設備	40%	20%
建設，鉱業，プランテーション，林業に使用するために輸入された重機械	10%	10%
以下の特定の産業に使用されるプラント及び機械（輸入されたものを除く） ・　建設 ・　林業 ・　錫鉱業	30% 60% 60%	（標準税率に準ずる）
廃棄物回収，環境汚染を制限するための設備，汚染計測器，及び設備をより効率的に使用するための設備	40%	20%
廃棄物をリサイクリングするための設備	40%	20%
促進事業に関する適格プロジェクト実施目的のために使用されるプラント及び機械（PU（A）506/2000参照）	40%	20%
社用車 ・　2000年10月28日以降に購入した新車で価格がRM150,000を超えないもの…RM100,000分	20%	20%

種　　　　類	IA	AA
・　価格がRM 150,000を超えるもの…RM 50,000分		
農業で使用する機械及び設備（財務大臣が指定する。ただし森林プランテーションを除く）（PU（A）188/2005参照）	20%	40%
産業用建物建設に利用するプレキャストコンクリート金型（PU（A）249/2006参照）	40%	20%
単価RM 1,300を超えない少額資産（年間RM 13,000以内）	－	100%
特定の防犯設備（PU（A）4/2013参照）	20%	80%
ICT設備及びコンピュータソフトウェアパッケージ	20%	20%
電力制御のために使われる所轄官庁が公認した設備（PA（A）87/2005参照）	20%	40%
Tun Razak Exchangeステータス企業によるTun Razak Exchange区域内の建物に係る修繕費用（PA（A）29/2013参照）	20%	40%
限界区域内で石油事業を実施するために使用される適格プラント（PA（A）58/2014参照）	25%	15%

(2) 工業用建物

種　　　　類	IA	AA
（標準税率）		
工業用建物	10%	3%
（特別税率）		
工業用建物を事業目的で使用しており，別途従業員（役員等を除く）の居住用施設を建設した場合	40%	3%
公共道路	10%	6%
託児施設	0	10%
下記の産業に従事する従業員のための居住用施設 ・　製造業 ・　ホテル，観光業，その他承認されたサービスプロジェクト	0 0	10% 10%
所轄大臣の承認を受けた学校及び教育施設	0	10%
輸出品及び輸入品を加工して再輸出する物品を保管する倉庫	0	10%
政府にリースする目的で建設・購入した建物	10%	6%

社会福祉局により承認を受けた老人ホーム（PU（A）143/2003参照）	0	10%
バイオネクサスステータス企業が新規事業又は事業拡大のために使用する建物（PU（A）374/2007参照）	0	10%
サイバージャヤ・フラッグシップゾーンにあるMSCステータス企業が使用する，もしくはMSCステータス企業に賃貸するために使用される建物（PU（A）202/2006参照）	0	10%
関連省庁により承認を受けた民営化プロジェクト又はPFI事業に基づく建設された建物（PU（A）119/2010参照）	10%	6%
教育大臣により認可を受けた幼稚園のために使用する建物（PU（A）1/2013参照）	0	10%
社会福祉局に登録された託児施設に使用する建物（PU（A）2/2013参照）	0	10%
Tun Razak Exchange区域内においてTun Razak Exchangeステータス企業が特定の事業を行うために使用する建物（PU（A）27/2013参照）	0	10%

Q38　少額資産の特例

　税務上少額資産の特例があると聞きました。具体的にはどのような制度なのでしょうか？

Answer

　Q41のプラント及び機械に関しては少額資産の特例が認められています。具体的にはキャピタル・アローワンスの対象となる税務上の適格資産のうち，支出額がRM 1,300（2020年よりRM 2,000）を超えず，かつ耐用年数が2年を超えないものについては100％償却が認められています。ただし，1課税年度につき合計額がRM 13,000（2020年度より1課税年度RM 20,000）までとされており，それを超える場合，通常のキャピタル・アローワンスが適用されます。なお，課税年度期首において資本金がRM 2,500,000に満たない中小企業（ただし，

2020賦課年度からは上記の他に事業収入が年RM 50,000,000以下であることが必要）について
は，この総額による制限はありません。

Q39 減価償却費未控除額の繰越し

当期中に控除しきれなかったキャピタル・アローワンスはどのようになるのでしょうか？

Answer

　税務申告書上キャピタル・アローワンスは税引前利益から税務調整を実施した調整後所得（Adjusted Income）から控除されますが，当期のキャピタル・アローワンスが調整後所得より大きい場合，控除しきれなかったキャピタル・アローワンスは将来年度に繰越しすることが可能です。従前は原則期限なく繰り越すことができましたが，2019課税年度より発生年度後最大7年（2018課税年度以前発生分は発生年度に関係なく2019課税年度から最大7年）に制限されました。未使用のキャピタル・アローワンスは当該資産を使用している事業から生じた調整後所得のみ相殺が可能です。したがって，未控除のキャピタル・アローワンスがあるにも関わらず当該事業が終了した場合，その未控除分については他の調整後所得との相殺は認められていません。

Q40 固定資産売却損益の計算

キャピタル・アローワンスの対象となっている固定資産を売却した場合の税務上の取扱いを教えてください。

　キャピタル・アローワンス対象資産を売却した場合，税務上差額調整（Balancing Adjustment）を行う必要があります。

　もし売却額が税務上の帳簿価額より大きい場合，その差額は差額賦課（Balancing Charge）として調整後所得に加算されます。差額賦課は対象資産の売却益に対する課税ではなく，税務上キャピタル・アローワンスの取下げとみなされます。したがって差額賦課はキャピタル・アローワンスの合計額（取得時償却＋年次償却）までに制限されます。

　もし売却額が税務上の帳簿価額より小さい場合，その差額は差額償却（Balancing Allowance）として調整後所得から追加的に控除されます。

　もし対象資産を除却，交換した場合，事業の終了に伴い当該資産を使用しなくなった場合においても差額調整は行われます。

（設例）

対象資産の取得価額：RM 5,000

売却時点での税務上の帳簿価額（キャピタル・アローワンスの未償却残高）：
RM 3,000

1　対象資産を RM 6,000 で売却した場合（差額賦課）

税務上の帳簿価額（未償却残高）	RM 3,000
売却額	6,000
差額	3,000
うちキャピタル・ゲイン分（非課税）	1,000
うち差額賦課分（調整後所得に加算）	RM 2,000

2　対象資産を RM 2,000 で売却した場合（差額償却）

税務上の帳簿価額（未償却残高）	RM 3,000
売却額	2,000
差額（差額償却として調整後所得に減算）	1,000

Q41 取替法

取替法はどういったものでしょうか？　またキャピタル・アローワンスとの選択は可能なのでしょうか？

Answer

　キャピタル・アローワンスが適用されない特定の資産に対し，更新時に支出した金額の損金算入を認める取替法が適用されます。具体的には小型工具（Loose Tools），器具（Implements），カーペット（Carpets），カーテン及び調度品（Curtains and Furnishings），金型（Moulds），ユニフォーム（Uniforms）その他比較的耐用年数が短い品物が対象となります。なお取得価額の多寡で取替法が適用となるわけではありません。例えばカーペットであればたとえ取得価額がRM 10,000であっても取替法が適用されますし，所得税法に規定されるキャピタル・アローワンス対象資産であれば，たとえその取得価額がRM 50であってもキャピタル・アローワンスが適用となります（ただし少額資産の特例は認められます（Q 38参照））。

Q42 ハイヤー・パーチェスにおける留意事項

キャピタル・アローワンスが適用となる資産をハイヤー・パーチェスで購入した時の留意事項を教えてください。

Answer

　ハイヤー・パーチェスとは割賦販売の一種で，マレーシアでは一般的に最終の分割払いが完了するまで，法的な所有権は購入者に移転しない契約のことを指します。ハイヤー・パーチェス契約における分割払い金は2つの要素，すな

わち購入価額の元本の支払いと手数料分で構成されます。この手数料について
は税務上損益取引とみなされるので，損金に算入されます。一方，元本の支払
い部分についてはキャピタル・アローワンスの対象となりますので，その支払
いの都度，取得時償却及び年次償却が適用されます。

（設例）

A社は2019年6月30日に機械をハイヤー・パーチェス契約に基づき
RM 97,000で購入しました。このうち機械の元本相当額はRM 82,000で
あり，差額は手数料とします。支払方法は2019年7月31日の初回に頭金
RM 20,000及び月額RM 3,850（うち元本相当額RM 3,100）を支払い，以後毎
月末にRM 3,850支払います（20回払い）。A社の決算日は12月31日です。

1　2019年課税年度

2019年元本支払い分

・　頭金		RM 20,000
・　月額支払い分（RM 3,100×6か月）		18,600
適格支出額		38,600
取得時償却（20%）	RM 7,720	
年次償却（14%）	5,404	(13,124)
期末未償却残高		25,476

2　2020年課税年度

2020年元本支払い分

・　月額支払い分（RM 3,100×12か月）		RM 37,200	
適格支出額		37,200	
取得時償却（20%）	RM 7,440		
年次償却（14%）	5,208	(12,648)	RM 12,648
期末未償却残高		24,522	
2019年元本支払い分		38,600	
期首未償却残高		25,476	
年次償却（14%）		(5,404)	5,404

期末未償却残高		20,072	
キャピタル・アローワンス計			18,052

3　2021年課税年度

2021年元本支払い分

・　月額支払い分（RM 3,100×2か月）		RM 6,200	
適格支出額		6,200	
取得時償却（20%）	RM 1,240		
年次償却（14%）	868	(2,108)	RM 2,108
期末未償却残高		4,092	
2020年元本支払い分		37,200	
期首未償却残高		24,522	
年次償却（14%）		(5,208)	5,208
期末未償却残高		19,344	
2019年元本支払い分		38,600	
期首未償却残高		20,072	
年次償却（14%）		(5,404)	5,404
期末未償却残高		14,668	
キャピタル・アローワンス計			12,720

以下同じ

Q43　引当金及び準備金

引当金及び準備金について税務上留意すべき事項があれば教えてください。

Answer

税務上引当金及び準備金について原則損金算入は認められておりません。これらは確定損益ではない以上，損金算入を認めると恣意的に課税所得を減らす

可能性があるからです。したがって，計上した賦課年度の税務申告について全額加算調整を行い，確定損益となった賦課年度にて減算を行う必要があります。

Q44 貸倒損失及び貸倒引当金

税務上の貸倒債権の取扱いについて教えてください。

Answer

Q43において引当金は原則損金算入が認められないと説明しましたが，一定の要件を満たす貸倒引当金についての損金算入は認められています。ここでは上記を含めた貸倒債権に対する税務上の取扱いについて説明します。

1 貸倒損失の取扱い

通常の営業過程において発生した債権に対する償却の要否は当該債権の回収可能性や回収に伴うコストについての全ての状況を勘案して判断することになります。また税務上減算が認められるには以下のような十分な疎明資料を文書で準備する必要があります。

① 督促状（Reminder notices）の発行

② 再建計画

③ 債務弁済計画

④ 交渉又は仲裁に関する記録

⑤ 法的行為（民事訴訟の提起，判決の受領，判決の執行）

償却の判断にあたってはあくまでもビジネス上の観点から検討すべきであり，個人的な理由によって判断すべきではないとされています。また経済合理性の観点からこれ以上債権回収を行わない場合にもその理由について文書化することが求められています。

なお償却額（債権の評価額）算定にあたっては以下の事項を文書で準備する

必要があります。

- ・ 債権ごとに個別に評価されているか
- ・ いつ，誰によって評価されたのか
- ・ 評価に際し採用した特定の情報

また上記①〜⑤の検討実施後，以下の事象が発生している場合，税務上貸倒債権とみなすことができます。

- ・ 債務者が回収原資となる資産を残さずに死亡した場合
- ・ 債務者が破産もしくは清算中で回収原資となる資産が存在しない場合
- ・ 債権が時効となった場合
- ・ 債務者の消息が不明でかつ回収原資となる資産を把握できない場合
- ・ 交渉や仲裁が不調となり，かつ訴訟費用があまりに高額になると想定される場合
- ・ その他債権回収にかかるコストが見合う状況でない場合

2 貸倒引当金の取扱い

貸倒引当金に対する損金算入の可否は一般貸倒引当金と個別貸倒引当金により異なります。

① 一般貸倒引当金

債権ごとの個別評価を行わない一般貸倒引当金について税務上損金算入は認められません。

② 個別貸倒引当金

各営業債権につき回収に懸念があるとみなす合理的な事由がある場合，当該債権に対する個別貸倒引当金は税務上損金算入が認められます。回収に懸念がある状態か否かは以下の事項に照らして年度ごとに判断されます。

- ・ 未回収となった期間
- ・ 債務者の現在の財政状態
- ・ 債務者の信用情報

また引当額については次ページの事項を考慮して算定する必要がありま

す。

- ・　過年度の貸倒実績
- ・　債権者の属する業界・産業
- ・　債権の年齢調べ

　算定にあたっての文書化については貸倒損失と同様です。

3　関連当事者に対する債権

　関連当事者に対する債権について貸倒損失又は貸倒引当金を計上する場合は，より慎重な取扱いが求められます。具体的には上記のような考慮事項に加え，いわゆるアームズ・レングス原則に基づいて判断されているか，個人的な事情ではなく正当なビジネス上の理由に基づくものであることを証明する必要があります。

Q45　欠損金等の繰越し・繰戻し

　マレーシアでは税務上の欠損金の繰越しや繰戻しは認められるのでしょうか？　また他に留意すべき事項があればご教示ください。

Answer

1　税務上の繰越欠損金

　事業所得から生じた欠損金は当該課税年度の他の所得と相殺され，控除しきれない分は翌課税年度以降に繰越しすることが可能です。翌期以降に繰り越された欠損金は事業所得との相殺は可能ですが，配当・利子といった投資所得や不動産賃貸料といった資産所得など，事業所得以外の所得との相殺はできません。

（設例）

ABC Sdn Bhdの2017年，2018年各課税年度の各所得は以下のとおり。

（単位：RM）

1　2017課税年度

　事業所得（Business Income）：△400,000

　配当所得（Dividend Income）：100,000

　不動産所得（Rent Income）：240,000

2　2018課税年度

　事業所得（Business Income）：150,000

　配当所得（Dividend Income）：80,000

　不動産所得（Rent Income）：200,000

2017年，2018年各課税年度の課税所得（Chargeable Income）は以下のとおり。

1　2017課税年度

A	法定事業所得（Statutory Business Income）	△400,000 →0
B	配当（Dividend）	100,000
C	賃料（Rent）	240,000
D （＝B＋C）	その他の法定所得計（Aggregate Statutory In-come from Other Sources）	340,000
E （＝A＋D）	合算所得（Aggregate Income）	340,000
F （Aより）	当期事業損失（Current Year Business Loss）	△400,000
G （＝E＋F）	課税所得（Chargeable Income）	△60,000 →翌期繰越（Gへ）

2 2018課税年度

H	法定事業所得 (Statutory Business Income)	150,000
I (= G)	繰越欠損金 (Business Losses Brought Forward)	△60,000
J (H + I)	合計	90,000
K	配当 (Dividend)	80,000
L	賃料 (Rent)	200,000
M (= K + L)	その他の法定所得計 (Aggregate Statutory Income from Other Sources)	280,000
O (= J + M)	合算所得 (Aggregate Income)	370,000
P	当期事業損失 (Current Year Business Loss)	0
Q (= O + P)	課税所得 (Chargeable Income)	370,000

2 繰越しできる期間

　未控除の繰越欠損金について従前は原則期限なく相殺することができましたが，2019課税年度より発生年度後最大7年（2018課税年度以前発生分は発生年度に関係なく2019課税年度から7年）に制限されました。しかし，期中に休眠会社の株式の50％超変更があった場合については，その休眠会社が有する税務上の繰越欠損金を繰り越すことはできません。これは繰越欠損金を有する休眠会社を買収することによる課税逃れを防止するためのものです。

3 欠損金の繰戻還付

　マレーシア所得税法上，欠損金の繰戻還付制度はありません。

Q46 支払利息

支払利息における税務上の取扱いを教えてください。

Answer

一般的に事業遂行の過程において総所得（Gross Income）獲得に寄与する目的で実行された借入金に対する支払利息について損金算入が認められます。

損金算入が認められる，もしくは認められない主な例は以下のとおりです。

1　損金算入が認められる主な例

- ・ インカムゲイン目的で株式を取得するための借入
- ・ ハイヤー・パーチェスを含む固定資産購入のための借入
- ・ 債券発行に係る借入
- ・ 事業目的の借入
- ・ 契約不履行に係る支払い

2　損金算入が認められない主な例

- ・ 専ら配当支払いを目的とした借入
- ・ 製造活動開始前の財務目的による借入
- ・ 私用資産購入のための借入
- ・ 延滞税
- ・ 納税者の株主による出資に対する支払い
- ・ 免税債券への投資のための借入
- ・ 法令違反に係る支払い

なお事業目的とは関係ない動産・不動産への投資や貸付に係る借入金利息の損金算入も認められていませんが，実務上支払利息を事業目的と非事業目的に

区分することは困難です。これについてはPublic Ruling No. 2／2011 "Interest Expense and Interest Restriction" においてみなし按分計算方法が定められています。

Q47　交 際 費

交際費の取扱いについて教えてください。

Answer

　所得税法上，交際費は事業に関連もしくは事業を促進する目的で，納税者もしくはその従業員によって以下の対価を支払うことを指します。

(a)　食物，飲み物，その他あらゆる種類のレクリエーションの提供

(b)　上記の歓待に関連もしくは促進する目的での宿泊もしくは旅行の提供

　このうち総所得（Gross Income）獲得に完全且つ排他的に寄与する交際費については支出額の50％の損金算入が認められています。更に特定の要件を満たす交際費については100％の損金算入が認められています。

　所得税法及びPublic Ruling No. 4／2015 "Entertainment Expense" には以下のような事例が記載されています。

No.	種　　　類	損金算入可		損金算入不可
		100%	50%	
1	非公開の取引に関する潜在的な顧客に対しての歓待費用			✓
2	新商品発売に関する潜在的もしくは既存の顧客に対しての歓待費用	✓		
3	顧客への結婚祝い			✓
4	関連会社の従業員に対する歓待費用			✓
5	年次株主総会のための歓待費用			✓

6	顧客のアニュアル・ディナーに対する寄付金			✓
7	従業員のためのアニュアル・ディナー費用	✓		
8	顧客のアニュアル・ディナーでのビジネス・ロゴ入りの贈答品	✓		
9	顧客のアニュアル・ディナーでのビジネス・ロゴなしの贈答品		✓	
10	販売代理店に対する目標達成のインセンティブとしての旅行の招待	✓		
11	顧客の新店舗開設祝い用のフラワーギフト		✓	
12	サプライヤーに対する歓待費用		✓	
13	クリスマス等のホリデーシーズンにおけるかご詰の贈答品		✓	

Q48 寄付金

税務上の寄付金の取扱いについて教えてください。

Answer

　一般的に寄付金は総所得（Gross Income）獲得に寄与する費用とは考えられないため，損金算入は認められていません。しかしながら政府，州政府，地方公共団体やDGが承認した組織等に対する寄付金については合算所得（Aggregate Income）の10％を超えない範囲において控除することが認められています。

　なお，控除しきれなかった分についての翌年度以降の繰越しは認められていません。

Q49 開業費

開業費の損金算入は可能なのでしょうか？

Answer

　マレーシア税法上，開業費はビジネスを維持遂行するための企業構造を構築するため支出と考えられることから資本取引に分類され，原則損金算入は認められていません。しかしながら，授権資本がRM2,500,000を超えない企業において，下記支出については事業開始時の所得に対する費用として損金算入が認められます。

- ・　基本定款，通常定款及び目論見書の作成・印刷費用，目論見書の配布・広告費用
- ・　会社登録や法定書類に係る費用（手数料及び印紙税含む）
- ・　予備契約に係る費用（印紙税含む）
- ・　債務証書の印刷・印紙費用，株券及び割当証に係る費用
- ・　会社の代表印に係る費用
- ・　引受手数料

Q50 本店経費の配賦

　本店から付替えとなった経費について留意すべき事項を教えてください。

Answer

　マレーシア税務においても，管理部門や専門部署を各拠点に設置するより，特定の拠点に集約する方がより経済的であることは受け入れられています。し

たがって，そういった社内サービス部門からの業務提供や部門そのものの維持管理費用を本店から各拠点に負担させることは認められています。

　所得税法上，こういった本店配賦経費についての規定は存在しません。また，実務上のガイドラインといったものもありません。しかしこのような費用負担は関連当事者取引であることから，移転価格ガイドラインにある「独立企業間価格（Arm's length Price）」の考え方を参照する必要があります。加えて，2009年税制改正によりDGは必要であれば社内取引を修正することができる権限を有していることにも留意する必要があります。

　移転価格ガイドラインには2つの大原則があります。一つは独立企業間価格の適用，もう一つは配賦に際しての首尾一貫性です。したがって当局から求められる情報としては一般的に以下のようなものがあります。

- ・　配賦される費用の詳細
- ・　支出が配賦される支店やグループ会社のリスト
- ・　配賦の算定基礎（例：売上高，時間，総利益）
- ・　算定基礎が他の同種取引で採用されたものと一貫しているか？
- ・　採用された算定基礎が妥当でかつ実行可能なものであるか？

　また，管理費用の配賦にあたっては以下の規則を順守する必要があります。

- ・　各会社に適用される全ての直接費用は当該会社に負担させなければならない。
- ・　全ての間接費用は実施可能で公平な配賦方法により可能な限り広く配賦しなければならない。
- ・　役員報酬，監査その他専門家費用，広告費，販売促進費，市場予測，コンピューター費用，研究費等の共通経費も管理費として配賦する。

Q51　配当金に関する税務

配当金に関して税務上留意すべき事項はありますか？

Answer

　ここでは配当を支払う側と受け取る側に分けて説明します。

1　配当を支払う側の処理

　配当を支払う側の処理としては，2008課税年度よりシングルティアシステムが採用されています。すなわち，会社（配当を支払う側）が法人税を支払った時点で最終課税となり，その後の配当に対して課税はされません。かつては株主側の配当所得については，会社（配当を支払う側）の支払った法人税相当分だけ株主側で税額控除ができるとするインピュテーションシステムが採用されていましたが，配当を支払う側，受け取る側ともに事務負担が重かったため2007年12月末をもって廃止されました（経過措置についても2013年12月末をもって廃止）。

2　配当を受け取る側の処理

①　マレーシア居住法人からの配当

　マレーシア居住法人からの配当については，上記のとおり配当を支払う側で課税関係が終了しているため，非課税となります。

②　マレーシア非居住法人からの配当

　マレーシア非居住法人（外国法人）からの配当についても，マレーシアにて発生又は由来の所得ではないことから，非課税となります。

　ただし特定業種の場合（銀行業，保険業，船舶業，航空業）は全世界所得が課税対象となるため，海外源泉所得として課税されます。

　なお当該配当に源泉税が課されている場合，源泉控除前の総額が課税対象となりますが外国税額控除が適用されます。

Q52　外国税額控除

外国税額控除が適用されるケースを教えてください。

Answer

　Q51で説明したとおり，特定業種における国外配当に係る源泉税は外国税額控除が適用されます。

　外国税額控除の計算方法は双務的救済（租税条約締結国）が取られているか，片務的救済（租税条約締結国以外）が取られているかにより異なります。なお，配当所得については源泉税控除前の総額ベースで算定されます。

外国税額控除の計算方法

1　双務の場合

（ⅰ）と（ⅱ）のいずれか小さい額

（ⅰ）　$\dfrac{国外所得}{総所得} \times$ マレーシア国内での納付税額

（ⅱ）　外国税額

2　片務の場合

（ⅰ）と（ⅱ）のいずれか小さい額

（ⅰ）　$\dfrac{国外所得}{総所得} \times$ マレーシア国内での納付税額

（ⅱ）　$\dfrac{1}{2} \times$ 外国税額

Q53　源泉税の概要

マレーシア税務における源泉税の概要を教えてください。

Answer

　源泉税（Withholding Tax）とは，マレーシアにて事業を行っている非居住者に対して課される税金です。通常そのような非居住者はマレーシア国内に事業拠点を持たず，単に自国からサービスを提供しているに過ぎません。そういった会社に対する効率的な徴税のため，税法上支払者（サービスを受ける者）を徴税の代理人として指名し，対価の一定額を当局に納税するように求めています。

　以下の要件を全て満たす非居住者に対して源泉税が課せられます。
・　対価の受領者が非居住者であること
・　所得の内容が下記1～6に該当すること
・　対象となる所得がマレーシアにて稼得されたとみなされること
・　対象となる所得がマレーシア国内の非居住者によって遂行された事業に起因しないこと（下記3請負契約を除く）
・　対象となる所得が所得税法表6に規定される免税所得に該当しない，もしくは租税条約により免税とならないこと

　源泉税の対象となる取引は以下のとおりです。なお3の請負契約及びプロフェッショナル・サービス以外は納税した時点で確定税額とされますので，納税後何らかの手続を行う必要はありません。

No	種　　　類	根拠条文	税　率
1	利息	第15条	15%
2	ロイヤリティ	第15条	10%
3	請負契約及びプロフェッショナル・サービス	第107A条	10%＋3%
4	所得税法第4A条に規定されている特定のサービス	第109B条	10%
5	一般向けの芸能活動	第109A条	15%
6	その他所得税法第4条(f)に規定されているサービス	第15B条	10%

以下のQでは日系企業に特に関係がある1～4について説明します。

Q54　利息及びロイヤリティに係る源泉税

利息やロイヤリティに係る源泉税とはどのようなものでしょうか？

Answer

マレーシアで稼得された利息やロイヤリティを非居住者が収受する場合，源泉税の対象となります。

なお，以下のケースにおいてはマレーシアで稼得したものとみなされます。

1　利　　　息

・　政府，州政府，もしくは地方自治体に支払義務があるケース

・　利息の支払義務者が支払った基準年度において居住者に該当し，かつ事業用資産を取得するための借入又はマレーシアにある資産が担保とされているケース

・　支払利息がマレーシアにて稼得もしくは発生する所得に対応するケース
（すなわち支払利息が申告書上損金として認められる場合）

2 ロイヤリティ

- ・ 政府，州政府，もしくは地方自治体に支払義務があるケース
- ・ ロイヤリティの支払義務者が支払った基準年度において居住者に該当しているケース
- ・ ロイヤリティがマレーシアにて稼得もしくは発生する所得に対応するケース（すなわちロイヤリティが申告書上損金として認められる場合）

税率は以下のとおりです。

支払利息：15％（日本・マレーシア租税条約により10％）

ロイヤリティ：10％

対価の支払者は契約上の支払日から1か月以内に上記の源泉税額を当局に納付しなければなりません。なお支払った時点で税額は確定しますので，その後申告調整する必要はありません。

Q55 請負契約及びプロフェッショナル・サービスに係る源泉税

請負契約やプロフェッショナル・サービスに係る源泉税とはどのようなものでしょうか？

Answer

マレーシアは2020年の先進国入りを目指していることもあり，現在多くの大規模開発事業が進行中であるとともに，海外から多くの建設業者やその従業員を受け入れています。

このような業者や従業員への効率的な徴税を目的として，1983年1月より所得税法第107A条が施行されています。

同条はマレーシア国内に恒久的施設（PE）を有する，もしくは事業の実態がある非居住者である請負業者に課せられます。対象となるサービスはマレーシ

アにて提供されたものに限られます。

税率は以下のとおりです。

- ・ 非居住者である請負業者：契約上の対価（サービスに関する部分に限る）の10%
- ・ 上記請負業者の従業員：契約上の対価（サービスに関する部分に限る）の3％

原材料費や機材のコストについてはサービスの対価ではないので対象外です。対価の支払者は契約上の支払日から1か月以内に上記の源泉税額を当局に納付しなければなりません。

なおQ53で説明したとおり，当該源泉税は納付した時点では最終税額ではありません。このため非居住者である請負業者は申告書上当該源泉税を調整して納付税額を確定させる必要があります。

（設例）

2018課税年度における請負サービスの対価：RM 1,200,000

課税所得（Chargeable Income）：RM 500,000

（単位：RM）

課税所得	500,000
所得税額（24％）	120,000
源泉税（対価の10％）	△120,000
所得税額（純額）	0

Q56 所得税法第４Ａ条に規定されている特定のサービスに係る源泉税

　所得税法第４Ａ条に規定されている特定のサービスに係る源泉税とはどのようなものでしょうか？

Answer

　所得税法第４Ａ条に規定されている以下のサービスについても源泉税の対象となります。

　①　資産又は権利の利用に関連して提供されるサービス，もしくは設備・機械の据付又は利用に関連して提供されるサービス

　②　科学的，産業的，もしくは商業的事業に関連する指導，支援，サービス

　③　動産の利用に関する賃借料

　税率は10％です。対価の支払者は契約上の支払日から１か月以内に上記の源泉税額を当局に納付しなければなりません。なお支払った時点で税額は確定しますので，その後申告調整する必要はありません。

　なお②について，従前は「技術的な」指導，支援，サービスとされておりましたが，2019年予算案に伴う税制改正により「技術的な」という文言が削除されました。これにより非技術的なサービスも課税対象となることが明確になりました。

　なお①及び②において，マレーシア国外で提供もしくは実施された非居住者によるサービスについては源泉税の支払いが免除されています。

Q57 連結納税（グループ・リリーフ）

マレーシアにも連結納税制度は存在するのでしょうか？

Answer

　マレーシアにおける連結納税制度はグループ・リリーフと呼ばれ，2006課税年度より導入されています。これは下記の要件を満たす場合，振替会社（Surrendering Company）の当期欠損金の70％を同一グループ内の一つ又は複数の関係会社の合算所得と相殺できる制度です。なお移転することのできる税務上の繰越欠損金のうち相殺しきれなかった分については，従前は翌事業年度以降も無制限に繰り越すことができましたが，2019課税年度より連続した3課税年度に限定されています。

（適用要件）

- ・　申請会社（Claimant Company），振替会社ともに普通株式払込済資本金がRM 2,500,000超であること
- ・　申請会社と振替会社の会計期間が同一であること
- ・　一方の会社による他の会社の株式保有比率が直接・間接問わず70％未満ではないこと
- ・　上記持分比率が前期及び当期を通じて維持されること
- ・　下記のインセンティブ等を享受していないこと
- ①　パイオニア・ステータス＊1
- ②　投資税額控除＊2
- ③　再投資控除
- ④　所得税法第54A条，第127条に基づく免除
- ⑤　2006年所得税（適格食品生産事業投資の控除）規則に基づく控除
- ⑥　2002年所得税（所有権獲得費用の控除）規則に基づく控除
- ⑦　2003年所得税（外国人保有会社の買収費用の控除）規則に基づく控除

⑧ 所得税法第154条に基づく控除

＊1 パイオニア・ステータス適用期間中に発生した繰越欠損金を有する会社については，パイオニア・ステータス期間終了後であってもグループ・リリーフを適用することはできません（2019課税年度より適用）。

＊2 再投資控除の未控除額がある会社については，再投資控除期間終了後であってもグループ・リリーフを適用することはできません（2019課税年度より適用）。

なおIRBはPublic Ruling No. 6／2016 "Group Relief for Companies"にて様々な税務上の取扱いを定めています。当Public Rulingではグループ・リリーフ適用の要件，関係会社の定義及び適格性，計算方法，罰則等について説明がされており，グループ・リリーフ適用にあたっては参照する必要があります。

Q58 罰 則

罰則にはどのようなものがあるのでしょうか？

Answer

所得税法で規定されている主な罰則は以下のとおりです。

種　　　類	罰　　　　則	関連条文
（正当な理由がない）税務申告書の未提出	RM 200－2,000の罰金又は禁錮，もしくはその両方	112(1)
過少申告	RM 1,000－10,000の罰金及び過少申告額の200％	113(1)(a)
納税者の未納付額に影響を及ぼす誤った情報の提供	RM 1,000－10,000の罰金及び過少申告額の200％	113(1)(b)
意図的な脱税又はその幇助	RM 1,000－20,000の罰金又は禁錮もしくはその両方及び過少申告額の300％	114(1)
過少申告の幇助もしくは助言	RM 2,000－20,000の罰金又は禁錮もしくはその両方	114(1 A)

IRB職員に対する職務妨害	RM 1,000 - 10,000の罰金又は禁錮もしくはその両方	116
(正当な理由がない) 帳簿記録の不備	RM 300 - 10,000の罰金又は禁錮もしくはその両方	119(A)
(正当な理由がない) 当局からの情報提供要請の無対応	RM 200 - 2,000の罰金又は禁錮もしくはその両方	120(1)
(正当な理由がない) 3か月超の住所変更の無届け	RM 200 - 2,000の罰金又は禁錮もしくはその両方	120(1)

Q59 　修正申告

修正申告について概要を教えてください。

Answer

所得税法修正申告を行うのは以下のようなケースであると想定しています。

- ・　課税所得が増加する結果となる誤謬の修正
- ・　自主的な修正（各年度につき1回認められる）
- ・　申告期限前6か月以内の修正
- ・　特定の書式を利用しての修正

修正申告を行う場合，以下の事項を実施する必要があります。

- ・　課税所得及び納付税額を特定すること
- ・　誤って納税した金額を特定すること
- ・　罰則金の明示（申告期限前60日以内での提出の場合10％，期限後60日以内の提出の場合15.5％）
- ・　その他当局より要請されている項目がある場合の該当項目

Q60　税務当局による調査

マレーシアにおいて，税務調査はどのように行われるのでしょうか？

Answer

2001年の自己申告制度の導入以来，マレーシアにおける税務調査の重要性は年々増してきています。マレーシアにおける税務調査はタックス・オーディットとタックス・インベスティゲーションの2種類存在します。それぞれの特徴は以下のとおりです。

	タックス・オーディット	タックス・インベスティゲーション
目的	納税者の会計記録が税法や規則にしたがっているか定期的に調査するもの。一般的に1回の調査につき1～3課税年度が対象となる。	納税者が正確な税務申告をしているかについて当局が強制力を持って調査するもの。申告された所得に不正，意図的な不履行，過失の疑いがある場合に実施される。
種類	IRB事務所内で実施する机上調査（Desk Audit）と納税者の事業所で実施する現地調査（Field Audit）の2種類。現地調査の場合実施日の14日前に事前通知がある。	民事調査（Civil Tax Investigation）と刑事調査（Criminal Tax Investigation）の2種類。事前通告はない。
期間	現地調査そのものは規模や複雑性等によるが通常2，3日程度。原則調査完了まで4か月以内と定められているが，もし4か月以内に完了しない場合はIRBから納税者に連絡が入る。	特に決められた期限はなく，民事調査はDGの承認，刑事調査は裁判所の判決が出された時点で完了となる。
罰則	1　自主的な申告 　①　申告書提出期限から60日未満…過少申告所得の10% 　②　60日超6か月未満…15.5% 　③　6か月超…35% 2　タックス・オーディット中の発見45%	適用となる条文により異なる。

Q61 企業優遇税制

マレーシア法人税上，税務上のインセンティブ（恩典）には
どのようなものがあるのでしょうか？

Answer

　マレーシアでは特定の産業セクターの投資促進を促すために広範な税務イン
センティブを提供しています。ここでの産業セクターには伝統的な製造業や農
業だけでなく，イスラム金融，ICT，教育，観光業，ヘルスケア，R&Dといっ
た他のセクターも含まれます。税務インセンティブの形態は課税所得の免除，
資本的支出に対する特別な引当（減算処理），費用の二重控除，輸入関税等の免
除等，様々です。マレーシアはタックスヘイブンでもなければ低税率国でもあ
りませんが，こういったインセンティブを活用することで実効税率を大幅に引
き下げることが可能となります。

　主な税務インセンティブは以下のとおりです。

- ・　パイオニア・ステータス（Q62）
- ・　投資税額控除（Q63）
- ・　再投資控除（Q64）
- ・　MSCマレーシア（Q65）
- ・　イスカンダル・マレーシア（Q66）
- ・　ハラルに関するインセンティブ（Q67）
- ・　プリンシパル・ハブ（Q68）

Q62 パイオニア・ステータス

パイオニア・ステータスとはどういったものか教えてください。

Answer

パイオニア・ステータスとは対象となる会社の法定所得（Statutory Income）の一定割合を一定期間にわたり控除するインセンティブです。インセンティブの開始起点となる製造開始日（Production Date）は国際貿易産業大臣の認可を受ける必要があります。標準的な控除割合は30％ですので，パイオニア・ステータスが適用されると実効税率はわずか7.2％（法人税率24％×30％）となります。

パイオニア・ステータス適用期間中に税務上欠損金を計上した場合，当該繰越欠損金やキャピタル・アローワンス（Q 37参照）はパイオニア・ステータス適用期間後まで自動的に繰り越され，将来の課税所得と相殺することができます。なお従前はパイオニア期間終了後無期限に相殺することができましたが，2019課税年度よりパイオニア期間終了後7年に限定（2018課税年度以前発生分は発生年度に関係なく2019課税年度から7年）されることになりましたので注意が必要です。

1986年投資促進法第5条において，以下のとおりパイオニア・ステータスが適用となる8つのカテゴリーが定められていますが，具体的な活動や製品はマレーシア投資開発庁（MIDA）により指定されています。適用となる活動・製品は政府の投資政策に従い，常に見直しが行われています。最新の情報についてはMIDAウェブサイト（http://www.mida.gov.my）にて確認することができます。

No.	カテゴリー	控除割合 (%)	適用期間 (年)
1	奨励製品又は奨励活動（製造業及び農業，宿泊業，小規模企業等の非製造業）（第5条(1))	70	5
2	国家及び戦略的に重要な活動（第5条（1A））	100	10
3	研究開発業務受託企業（第5条（1C））	100	5
4	最新技術及び工業連携プログラムを含むハイテク企業（第5条（1D））	100	5
5	機械装置産業，特殊機械装置産業，付加価値製品を製造するためのバイオマスの利用，再生可能エネルギーの生成（第5条（1DB））	100	10
6	自動車部品モジュール（第5条（1DC））	100	5
7	パイオニア期間終了後に再投資を実施した企業（第5条（1DD））	70 or 100	5
8	研究開発活動における成果の商業化（第5条（1DF））	100	10

Q63 投資税額控除

投資税額控除とはどのようなインセンティブでしょうか？

Answer

投資税額控除は期間中に取得した適格有形固定資産にキャピタル・アローワンスに加えて一定限度の控除を認めるインセンティブです。標準的なタイプでは適格資本的支出の60％を法定所得の70％まで相殺することができます。また相殺しきれなかった限度額は将来にわたって繰り越すことが可能ですが，パイオニア・ステータスと同様，2019課税年度より繰越可能期間が適用期間終了後7年（2018課税年度以前発生分は発生年度に関係なく2019課税年度から7年）に制限されています。

投資税額控除はパイオニア・ステータスと選択適用が可能なインセンティブ
です。逆に言えば投資税額控除とパイオニア・ステータスの両方を適用するこ
とはできません。一般的に設備投資等の投資が行われ，かつ投資開始後短期間
では利益が見込まれないケースでは投資税額控除の方にメリットがあるとされ
ています。またパイオニア・ステータスと同様，投資促進法第26条において以
下のとおり適用される12のカテゴリーが定められています。

No.	カテゴリー	適格資本的支出（%）	控除割合（%）	適用期間（年）
1	奨励製品又は奨励活動（製造業及び農業，宿泊業，小規模企業等の非製造業）（第26条(1)）	60	70	5
2	国家及び戦略的に重要な活動（第26A条）	100	100	5
3	研究開発業務受託企業（第26C条）	100	70	10
4	研究開発企業（第26D条）	100	70	10
5	社内における研究開発活動（第26E条）	50	70	10
6	最新技術及び工業連携プログラムを含むハイテク企業（第26F条）	60	100	5
7	技術訓練もしくは職業訓練企業及び私立高等教育機関（第26G条）	100	70	10
8	機械装置産業，特殊機械装置産業，付加価値製品を製造するためのバイオマスの利用，再生可能エネルギーの生成（第26I条）	100	100	5
9	自動車部品モジュール（第26J条）	60	100	5
10	パイオニア期間終了後に再投資を実施した企業（第26K条）	50, 60 or 100	70 or 100	5 or 10
11	ハラル食品の製造（第26M条）	100	100	5
8	自家消費のためのエネルギー保存（第26N条）	60	100	5

Q64 再投資控除

再投資控除はどういったインセンティブでしょうか？

Answer

再投資控除は所得税法第7A条に定められているインセンティブで，既存生産能力の拡張，製造設備の近代化・自動化，関連製品の多様化に向けて再投資を行う製造業に適用されます。また，再投資控除は農業プロジェクト（例：米・とうもろこし・果物・野菜・塊茎・根茎の栽培，牧畜，魚などの産卵，繁殖，水産物の養殖）に携わる企業に対しても適用されます。

再投資控除ではキャピタル・アローワンスに加えて工場，機械設備といった適格資本的支出額の60％が再投資控除として付与されます。当該控除額は適格プロジェクトに係る法定所得の70％まで利用することができ，適用期間は15年です。なお控除しきれなかった金額について，従前は適用期間後無制限に繰越可能でしたが，2019課税年度より適用期間終了後7年（2018課税年度以前発生分は発生年度に関係なく2019課税年度から7年）に制限されています。また，工程効率比率（Process Efficiency Ratio）が産業平均より上回ったことを立証できる場合，当該年度においては法定所得の100％まで利用することができます。

再投資控除はパイオニア・ステータスや投資税額控除と異なり，事前の当局による承認は必要ありません。ただしパイオニア・ステータス又は投資税額控除との同時適用は認められておりません。

なお再投資控除は所得税法第7A条に加えて，Public Ruling No. 6／2012 "Reinvestment Allowance"においても詳細な規定が定められておりますので，適用にあたってはそれらを参照する必要があります。

Q65 MSCマレーシア

MSCマレーシアとはどのようなインセンティブなのでしょうか？

Answer

MSCマレーシア（旧名称：マルチメディア・スーパー・コリドー）は1998年6月に開始され，新技術の発展，国際的なIT企業との協業促進や相互発展に寄与する機会の提供等を目的としています。

現在MSCマレーシアとして指定されている地域として「MSCマレーシアサイバーシティ」と「MSCマレーシアサイバーセンター」の二つのカテゴリーが存在します。

またMSCの発展・推進を実施する団体としてマルチメディアデジタル経済公社（MDeC）が設立されており，ビザの発行，ライセンスの許認可等といった事務をワンストップで行っています。

1 インセンティブ

種　　別	インセンティブ
国策的，もしくは戦略的に重要な活動や製品を製造するMSCマレーシア会社（新規設立）	・高度の資本集約的な活動を行う又は自身のマルチメディア活動がコストセンターとなる新規設立会社に対して，法定所得（Statutory Income）の控除割合100％，適用期間10年のパイオニア・ステータスもしくは，適格資本的支出の100％，適用期間5年の投資税額控除 ・　マルチメディア設備の輸入関税免除 ・　MDeCによる資金調達円滑化サポート ・　2002年10月1日より非居住者会社がMSCマレーシア会社から収受した下記の所得に関する法人所得税の免除 　・　技術的なアドバイスもしくは技術的なサービスに対する支払い 　・　技術開発に関連したライセンスフィー 　・　技術開発に関連した貸付金に対する利息

	特定の地域に所在するMSCマレーシア会社について，所得税法第109条及び第109Ｂ条に基づく源泉税の免除
サイバーシティもしくはサイバーセンターに移転するICT会社	2007年9月8日より，コンピュータソフトウェア開発を含むICT活動を実施する会社がサイバーシティもしくはサイバーセンターに移転する場合，以下のインセンティブを付与 ・　控除割合100％，適用期間10年のパイオニア・ステータス ・　適格資本的支出100％，控除割合100％，適用期間5年の投資税額控除
サイバージャヤの新築ビルの所有者	2006課税年度よりMSCステータス会社が入居しているサイバージャヤの新築ビルの所有者に対して10％の工業用建物に対するキャピタル・アローワンス（Industrial Building Allowance）の10年間付与
MSCステータス会社	2015課税年度より下記のインセンティブを付与 ・　MSC指定地域外で実施している適格活動について，法定所得の70％を5年間にわたり控除 ・　MSC指定地域内に所在する会社に対して法定所得の100％控除の5年延長（トータル10年間） 会社は2015年1月1日以後にMSCステータスの申請をしなければならない。また過去に指定地域内で業務を実施していない会社に限られる。
MSC4スタートアップ会社	2015年1月以後に承認されたMSCステータス会社でパイオニア・ステータス未享受の会社については以下のMSC4スタートアッププログラムが利用可能である。 ・　所得税法127条(3)(b)に基づき70％税額控除の5年適用 ・　マルチメディア設備の輸入関税免除 ・　MSCマレーシアサイバーシティ／サイバーセンター外での所在を認める。

2　MSCマレーシア・ステータスの要件

種　別	要　件
MSCマレーシア・ステータス	・　マルチメディア製品もしくはサービスの提供者もしくはヘビーユーザー ・　相当数の知的労働者を雇用すること ・　MSCマレーシアの発展に寄与すること ・　製造業や貿易等，非適格活動を実施しないこと 適格活動は以下のとおり ・　情報技術 ・　国際ビジネスサービス

	· 創造的なコンテンツもしくは技術 MSCマレーシア・ステータス保持のためには以下の要件も具備しなければならない。 · MSCマレーシアにおける適格ビジネス及び活動を実施するための法人設立（現地法人もしくは外国会社の支店） · 全従業員の少なくとも15％が知的労働者であること · MSCマレーシア環境ガイドラインを順守すること
高度教育機関 （IHLs）	· IHLsとは，IT，エンジニアリング，科学その他MSCマレーシアにおける人的資源養成を目的とした高度教育機関です。IHLsがMSCマレーシア・ステータスを認められるための要件は以下のとおりです。 · マルチメディア製品及びサービスを提供者もしくはヘビーユーザー · マルチメディア，IT，その他関連分野に関する2年以上のコースの学位付与 · マルチメディアコース，プログラムその他関連分野に関する学部の設置 · 相当数の知的労働者を雇用すること · 研究開発活動の実施又はサポート · 独立した法人として登録すること · Lembaga Akreditasi Negaraガイドラインを順守すること
インキュベータ	アーリーステージの成長企業をサポートするインキュベータ企業についてもMSCマレーシア・ステータスが適用されます。インキュベータ企業がMSCマレーシア・ステータスを認められるための要件は以下のとおりです。 · MSCマレーシア・ステータス企業と認定されたICT及びICT促進事業を実施しているアーリーステージの成長企業をサポートすること · 水道，電気，インターネット，シェアオフィス，ビジネスアドバイザリーサービス等といった基本設備の提供をしている · 上記のような物理的な基本設備の提供に加えてビジネスサポートサービスを提供している。全てのインキュベータはMSCマレーシア・ステータス獲得後1か月内にマレーシア会社登記所（Companies Commission of Malaysia, CCM）登録が義務付けられている。
国際ビジネスサービス（GBS）	GBSとはシェアードサービスやアウトソース事業を高度に進化させたモデルです。GBSは経理や人事といった個々の業務を融合させ，単なる業務活動ではない高付加価値のサービスを提供するものとして顧客に提供され，その範囲はより広範囲に及ぶものとなります。 GBS企業がMSCマレーシア・ステータスを認められる要件は以

下のとおりです。

要　件	セクター	外国会社	国内会社
従業員数	GBS	5年間にわたり50人の知識労働者を確保すること，もしくは月平均給与がRM 10,000以上の知識労働者を確保すること	5年間にわたり30人の知識労働者を確保すること，もしくは月平均給与がRM 8,000以上の知識労働者を確保すること
輸出割合	GBS＋データセンター	MSCステータスの5年目までに70％を確保すること	MSCステータスの5年目までに20％もしくは輸出額RM 500,000のいずれか低い方
所在地	GBS＋データセンター	投資額のうち70％を指定地域内で行う	投資額のうち30％を指定地域内で行うこと
投資額	データセンター	5年間でRM 10,000,000の資本的支出	5年間でRM 5,000,000の資本的支出

以下留意点です。
・　知識労働者とは任意の高等教育機関の修了，もしくはマルチメディア／ICTのディプロマを保有し2年以上の関連業務の実務経験がある者，又はマレーシアで普及していない知識を有する外国人を指します。
・　国内のGBS会社からマレーシア国内の多国籍企業（MNC）へのサービス提供は「輸出」とみなされます。
・　指定地域内での投資は承認された活動に係る資本的支出額と事業経費との割合で算定します。

　MSCマレーシア申請手続はオンラインで申請できます（http://wizard.mscmalaysia.my/wizard）。

Q66　イスカンダル・マレーシア

　イスカンダル・マレーシアとはどのような計画なのでしょうか？　また税務上の恩典も教えてください。

Answer

1　イスカンダル・マレーシア（IM）とは

　イスカンダル・マレーシア（IM）とは，ジョホール州の南部にある広大な経済特区です。2006年の開始から20年間で3,830億リンギット（約10兆5,873億円）の投資を見込んでおり，ジョホールバル・シティセンター，ヌサジャヤ・メディニ地区，西部ゲート開発地区（タンジュンペラパス港を含む），東部ゲート開発地区（パシールグダン港，タンジュンランサットを含む），スナイースクダイ地区の5つのフラッグシップ・ゾーンによって構成されています。

2　イスカンダル地域開発庁（IRDA）について

　IRDAは2007年イスカンダル地域開発庁法に基づき，IMを強力で持続可能な国際的な中心地に発展させるべく設立されました。IRDAはIMにおける交易，投資及び開発を促進すべく関係省庁と協働し，IMに関する全ての管理業務を行っています。また，IRDAはIMに関連する方針策定や基準やガイドラインの勧告及び監視を行い，許認可も行っています。

3　インセンティブ

　既存のインセンティブとは別にIMに対してもインセンティブは用意されています。

① ISP（Incentive and Support Package）

　2007年3月に発表されたインセンティブで，IRDAの認可を受けたメディニ地区を拠点とする企業に適用されます。

対　　象	インセンティブ
認定不動産開発業者	・　指定された地区の建物の賃貸もしくは売却による所得について2020年課税年度まで免税 ・　非居住者に対して2020年12月までに支払ったロイヤリティ，利息及び技術料についての源泉税の免除 （特定の条件を満たすことにより期間延長が認められる可能性があります）
認定不動産管理業者	・　認定不動産開発業者に対するマネジメントサービス，管理サービス，マーケティングサービスによる法定所得について2020課税年度まで免税及び免税期間を超えた欠損金の繰越し（繰越しについては一定の条件を満たす必要）
IDRステータス企業*	・　事業開始から10年間にわたり認定地区又はマレーシア国外において稼得した法定所得を免除（2015年12月末日までに事業を開始する必要あり） ・　5年間の100%投資税額控除 ・　非居住者に対して2020年12月までに支払ったロイヤリティ，利息及び技術料についての源泉税の免除

*　以下の6つの事業に認められます。

観光業	・　テーマパーク，アミューズメント及びファミリー向けエンターテイメントセンター ・　会議及び展示センター ・　ホテル及びレジャーサービスにおける地域事業拠点 ・　ホテル
クリエイティブ事業	・　クリエイティブ及びデザインサービス ・　クリエイティブ人財管理サービス ・　映画及びテレビ ・　ゲーム及びアニメーション ・　オンラインモバイルコンテンツ作成，広告，アグリゲーション，イネーブラー ・　クリエイティブコンテンツの流通及びマーケティング ・　ビジュアル及びパフォーミングアート ・　統合されたメディア・コンテンツサービス
ヘルスケア事業	・　病院及び代替医療 ・　統合された歯科及び歯科矯正サービス ・　ヘルスケア研究開発 ・　結合された研究サービス
金融事業	・　イスラム金融サービス ・　アウトソース／オフショアリング ・　コンサルティング／アドバイザリー

教育事業	・ 大学及び単科大学 ・ 技術養成所 ・ 研究開発機関 ・ 地域トレーニングセンター
物流事業	・ 結合されたサプライチェーンサービス ・ 高付加価値サプライチェーンサービス

　上記の他，以下のような項目について共通の恩典があります。

- ・ 首相府直轄組織である経済計画ユニット（EPU）の不動産取得ガイドラインの適用除外
- ・ 外国為替管理の柔軟な運用
- ・ 外国籍知的労働者の雇用
- ・ IM地区の外国籍知的労働者に対し，私的利用の自動車の非関税での輸入又は購入の許可

② FIM（Flagship incentives of Iskandar Malaysia）

　FIMは5つのフラッグシップ・ゾーンにある下記3種の適格事業活動に対するインセンティブです。

- ・ 5年間にわたる適格事業に係る法定所得の免除又は適格資本的支出の100％の投資税額控除
- ・ 適格事業に直接使用する設備・備品の輸入関税の免除
- ・ 外国為替管理及び外国籍知的労働者の雇用に関する柔軟な運用

【適格事業活動】

観光業	4つ星ホテル／リゾートに対する新規投資
ヘルスケア	新規の伝統的な代替的医療センター
教育	新規の私立高等教育機関

- ・ 新規設立会社に限る
- ・ 当該活動を5つのフラッグシップ・ゾーンの区域内で実施すること
- ・ 最低投資金額はRM 10,000,000かつ精緻な費用対効果分析に裏付けられた投資であること

- 2015年12月31日までに事業を開始すること

③ 知的労働者

観光業，ヘルスケア，教育，クリエイティブ，金融，物流，バイオテクノロジー及びグリーンテクノロジーといった適格事業を行っている会社に勤務している知的労働者の所得税について，15％の低減税率が適用されます。ただし2009年10月24日から2020年12月31日までに雇用が開始している必要があります。

④ GBSイスカンダル

GBSイスカンダルはイスカンダル・プテリ（旧ヌサジャヤ）地区において国際的ビジネスサービスを実施する会社に対するインセンティブプログラムとして2016年4月に開始されました。政府系ファンドであるカザナによって設立されたi2M Ventures Sdn Bhd社がこのプログラムの管理を行います。下記の要件を満たす会社に対し，それぞれカスタマイズされたインセンティブが認められます。

- グローバルベースでの年間売上が4億USドル以上であること
- 高インパクトなプロジェクトもしくは事業に戦略的に関連すること
- 投資の裏付けとなる計画が文書化されていること
- マレーシア会社であれば5年間で50人以上，それ以外の会社であれば5年間で100人以上の知的労働者を雇用すること
- 当該プロジェクトのためのチームを会社内に組成し，そのチームが決定権を有するか，意思決定をサポートする役割を有すること
- i2M社以外からのインセンティブに対しても適格である会社であること

Q67 ハラルに関連するインセンティブ

　最近よくハラルという言葉を耳にしますが，どういったものなのでしょうか？　またハラルに関連する税務インセンティブがあれば教えてください。

Answer

1　ハラルとは

　「ハラル」とはイスラム教の教えに基づき「許されたもの」「合法的なもの」といった意味のアラビア語です。そしてハラル認証とは，その食品や化粧品などがイスラム教の教義にのっとって製造されたことを保証するものです。

　このハラル認証ですが，国際的な統一規格といったものは現在存在せず，世界各国に多くの認証機関が存在する状況となっております。日本においても複数のハラル認証機関が存在します。

　このハラル認証においてマレーシアは世界をリードしています。マレーシアの認証機関であるJAKIMは世界で唯一国家がハラル認証を行っている行政機関であり，基準の厳格さも世界有数，マレーシア国内だけでなく世界中のイスラム諸国からも信頼されていると言われています。

2　ハラルに関連する税務インセンティブ

　マレーシア政府もハラル産業を奨励しており，主に以下のような税務上のインセンティブを提供しています。

種　　別	インセンティブ
ハラルパーク（マレーシア国内におけるハラル産業専門の工業団地）事業者	・　パイオニア・ステータス（控除割合100％，10年間）もしくは投資税額控除（控除割合100％，５年間） ・　冷凍室において直接使用する機械設備等に関する輸入関税及び売上税の免除 【適用要件】 ①　HDC（ハラル産業開発公社）が定めるガイドラインに準拠すること ②　HALMASステータス（適格なハラル事業者に対してHDCが付与する認証）を取得すること
ハラル製造業者	・　投資税額控除（控除割合100％，10年間），もしくは輸出売上に係る課税所得の免除（５年間） ・　特定のハラル製品製造のための原材料に関する輸入関税及び売上税の免除 ・　HACCP，GMP，CODEX Alimentariusといった国際的品質基準，衛生標準作業手順書，その他食品衛生上の規定順守のために発生した費用の二重控除 【適用要件】 ①　ハラル製造業者としての以下の要件を満たすこと 　・　以下の４つのセクターいずれかに該当すること 　　・　特定の処理を伴う食品 　　・　薬剤，化粧品，パーソナルケア製品 　　・　家畜及び食肉製品 　　・　ハラル原料 　・　高価値の知的労働者を全従業員の15％雇用すること（最低３名以上のハラル・コンプライアンス・オフィサーの雇用を含む） 　・　ハラルパークもしくはHDCにより承認された冷凍倉庫に所在すること 　・　販売活動及びコンサルティング活動を行わないこと 　・　所定の品質・衛生・環境ガイドラインを常に遵守すること 　・　適用される全ての法規制を遵守すること 　・　HDCが定めるハラル基準を順守すること 　・　ハラルに関連する新規事業に従事し，当該事業のための法人を新規設立すること ②　HALMASステータス（適格なハラル事業者に対してHDCが付与する認証）を取得すること
ハラル物流業者	・　パイオニア・ステータス（控除割合100％，10年間）もしくは投資税額控除（控除割合100％，５年間） ・　冷凍室において直接使用する機械設備等に関する輸入関税及び売上税の免除

	【適用要件】
	① ハラル物流業者としての以下の要件を満たすこと
	・ 以下の３つの主要事業全てを提供すること
	a） 貨物輸送
	b） 倉庫業
	c） 運輸業
	・ 以下の事業のうち少なくとも一つを提供すること
	a） 流通
	b） その他関連する付加価値サービス
	c） サプライチェーンマネジメント
	・ 以下の施設・設備を最低限有すること
	a） 商用車：20台
	b） 倉庫：5,000㎡
	② HALMASステータス（適格なハラル事業者に対してHDC が付与する認証）を取得すること

Q68 プリンシパル・ハブ

プリンシパル・ハブの制度の概要について教えてください。

Answer

1 プリンシパル・ハブとは

プリンシパル・ハブとはマレーシアに拠点を置く会社がリスクマネジメント，経営意思決定，ビジネス戦略，財務，人事等のマネジメント活動を地域又はグローバルのビジネス拠点として行っている会社のことをいいます。

プリンシパル・ハブは2015年５月１日よりそれまでの国際調達センター（International Procurement Centre：IPC），地域物流センター（Regional Distribution Centre：RDC），経営統括本部（Operational Head Quarters：OHQ）といった制度に代わる新しい投資インセンティブとして導入されました。

なお，2018年12月に「プリンシパル・ハブ ガイドライン1.0」が，2019年10月に「プリンシパル・ハブ ガイドライン2.0」が公表されました。「プリン

シパル・ハブ　ガイドライン1.0」は2015年5月1日から2018年12月31日申請
分より適用され，「プリンシパル・ハブ　ガイドライン2.0」は2019年1月1日
から2020年12月31日申請分に適用されます。

2　プリンシパル・ハブ制度が適用される要件及びインセンティブ

　プリンシパル・ハブ制度が適用される要件及びインセンティブは以下のとお
りです。

【2015年5月1日〜2018年12月31日まで申請分】ガイドライン1.0

適用要件	・　1965年会社法に基づきマレーシアで設立された会社である ・　払込資本金がRM 2,500,000以上である ・　年間の売上高がRM 300,000,000以上である ・　マレーシア国外の最低3か国にネットワーク企業(*1)を有している					
インセンティブ	Tier 3		Tier 2		Tier 1	
期間（年数）(*2)	5	+5	5	+5	5	+5
法人税率	10%		5%		0%	
年間事業費（RM）	3,000,000		5,000,000		10,000,000	
雇用人数　高付加価値な職務　最低月額給与：5,000	15人		30人		50人	
雇用人数　戦略，マネジメント上のキーポジション　最低月額給与：25,000	3人		4人		5人	
ネットワーク企業	3社		4社		5社	

（＊1）　ネットワーク企業とは企業グループに属する子会社，支店，ジョイントベン
　　　　チャー，フランチャイズ等の関係会社やその企業のサプライチェーンに属する
　　　　会社も含みます。
（＊2）　適用開始から5年経過した後に5年間の活動状況を考慮して更に5年の延長
　　　　が検討されます。

適用要件	・ 2016年会社法に基づきマレーシアで設立された会社であり，マレーシア居住法人 ・ 払込資本金がRM 2,500,000以上である ・ 年間の売上高がRM 500,000,000以上である ・ ネットワーク企業(*1)を有している			
インセンティブ	Tier 2		Tier 1	
期間（年数）(*2)	5	+5	5	+5
法人税率	5%		0%	
年間事業費（RM）	5,000,000		10,000,000	
雇用人数 高付加価値な職務 最低月額給与：5,000	30人		50人	
雇用人数 戦略，マネジメント上のキーポジション 最低月額給与：25,000	4人		5人	
ネットワーク企業	10社 （うち，3社は関連会社）		15社 （うち，4社は関連会社）	

（*1）　ネットワーク企業とは，申請企業と同じ企業グループに属する子会社，支店，ジョイントベンチャー等の関係会社，又は，申請企業又は申請企業の最終親会社と同じ事業やサプライチェーンに関する契約を少なくとも3年間締結している非関係会社と定義されています。

（*2）　適用開始から5年経過した後に5年間の活動状況を考慮して更に5年の延長が検討されます。

　上記のほか，申請の要件はそれぞれのガイドラインにて定められています。申請の際には現地の専門家にご相談ください。

3　申請方法

　プリンシパル・ハブの適用を申請する企業は2020年12月31日までにMIDAに申請しなければなりません。

Q69 ラブアン

ラブアン島において法人を設立し，事業を行うことで税務メリットが得られると聞きました。その概要について教えてください。

Answer

1　ラブアン国際ビジネス金融センター (Labuan International Business and Financial Centre : Labuan IBFC) とは

Labuan IBFCとはマレーシアラブアン島に所在するオフショアの金融センターのことをいいます。Labuan IBFCに設立又は登録された法人（ラブアン法人）がマレーシア国外で事業を行う場合，法人税率の軽減等の税務上のメリットを享受することができます。

2　Trading Activity

ラブアンでの事業活動が税務上のメリットを得るためには活動内容がTrading Activityとして認定される必要があります。ラブアンでの事業活動がTrading Activityとして認定される例としては銀行，保険，貿易，ファンドマネジメント等があります。

ラブアンでの事業活動はマレーシア非居住者によって行われ，取引通貨も通常の経費支払い等を除き，マレーシアリンギット以外の通貨で取引が行われる必要があります。

3　税務上のメリットの概要

⑴　法　人　税

ラブアンで事業を行う法人はTrading Activityから得られた課税所得に対して３％の法人税率か一律RM 20,000の法人税支払いか，どちらかを毎年選択可

能です。ただし，Trading Activity以外の事業から獲得した収益についてはこのインセンティブは適用されず，一律24％の法人税率が課されることとなります。

⑵　個人所得税

　マレーシア非居住者であり管理職に就いている従業員が得る所得については50％が免税されます。また，役員報酬については100％免税されます。ラブアン法人に雇用されているマレーシア居住者が受け取る住宅手当についてはその手当のうち50％が免税となります。

⑶　源　泉　税

　ラブアン法人から他のラブアン法人又は非居住者へ支払われたロイヤリティ，利息，テクニカルフィー等については源泉税が免除されます。一方，ラブアン法人がリースビジネスを行っている場合を除き動産の賃貸料については非居住者に対して支払われたものであっても源泉税は免除されません。ラブアンに所在する銀行に対して支払われた利息については，源泉税は免除されます。

　2018年11月2日に政府は2019年予算案を公表しました。その中でLabuan IBFCに関しても言及され，2019年課税年度より以下のように改正されています。

・　法人税

　　これまではラブアン法人の法人税についてRM 20,000の定額か法人税率3％のどちらかを選択可能でしたが，2019年課税年度以降からは法人税率3％のみ適用されます。

・　取引通貨

　　ラブアン法人が取引する場合の取引通貨にマレーシアリンギットでの取引も認められることになります。

・　マレーシア居住者との取引

　　マレーシア居住者との取引が認められますが，一方でマレーシア居住者側で当該取引に係る損金算入が取引額の3％に制限されます。

- 知的財産から稼得される所得

　ラブアン法人が所有する知的財産から稼得される所得については通常の法人所得税率が適用されます。

Q70 マレーシアとの租税条約締結国

　マレーシアは現在何か国と租税条約を締結しているのでしょうか。またどのような国と締結しているのでしょうか。

Answer

　2019年6月21日現在，マレーシアは74の国，地域と租税条約を締結しています。締結国は以下の国々です（アルファベット順）。

アルバニア	アルゼンチン	オーストラリア	オーストリア
バーレーン	バングラデシュ	ベルギー	ボスニア・ヘルツェゴビナ
ブルネイ	カナダ	チリ	中国
クロアチア	チェコ	デンマーク	エジプト
フィジー	フィンランド	フランス	ドイツ
香港	ハンガリー	インド	インドネシア
イラン	アイルランド	イタリア	日本
ヨルダン	カザフスタン	韓国	クウェート
キルギス	ラオス	レバノン	ルクセンブルク
マルタ	モーリシャス	モンゴル	モロッコ
ミャンマー	ナミビア	オランダ	ニュージーランド
ノルウェー	パキスタン	パプアニューギニア	フィリピン
ポーランド	カタール	ルーマニア	ロシア
サンマリノ	サウジアラビア	セーシェル	シンガポール

南アフリカ	スペイン	スロバキア	スリランカ
スーダン	スウェーデン	スイス	シリア
タイ	トルコ	トルクメニスタン	UAE
イギリス	アメリカ	ウズベキスタン	ベネズエラ
ベトナム	ジンバブエ		

Q71 日本・マレーシア租税条約

日本・マレーシア租税条約の主な特徴について教えてください。

Answer

日本・マレーシア租税条約は1970年12月に批准されました。その後，2000年1月に全面改定が行われ，2011年1月に一部改定が行われました。同条約は全部で28条から成っています。

その主な内容は以下のとおりです。

① 一方の締約国の企業の事業所得については，他方の締約国に有する支店等の「恒久的施設（Permanent Establishment：PE）」に帰属する部分に限り他方の締約国において課税されます（帰属主義）。

② 一方の締約国の企業が他方の締約国において取得した国際運輸業所得については，他方の締約国にPEがある場合でも課税されません。

③ 一方の締約国の居住者（個人，法人等）が他方の締約国において受け取る配当，利子及び使用料に係る他方の締約国（源泉地国）での課税は，それぞれ次の税率（限度税率）を超えないものとされます。

配　当	子会社からの配当：5％ その他の配当：15％
利　子	10％
使用料	10％

④　一方の締約国の居住者が受け取る給与所得については，他方の締約国
　　での滞在期間が183日を超えない等一定の場合には，その滞在地国にお
　　いて課税されません。

⑤　二重課税の排除方法については，両国とも「外国税額控除方式」によ
　　ります。

⑥　両締約国の「権限のある当局」は必要な情報を交換することになりま
　　す[1]。

(1)　財務省ホームページ　「日本・マレイシア租税協定（全面改定）の署名につい
　　て（1999年2月22日）https://www.mof.go.jp/tax_policy/summary/international/
　　tax_convention/press_release/sy019b.htm

Q72　恒久的施設（PE）

租税条約上の恒久的施設（PE）について教えてください。

Answer

　日本・マレーシア租税条約第5条では，恒久的施設について以下のように規
定されています。

　「恒久的施設」とは，事業を行う一定の場所であって企業がその事業の全部
又は一部を行っている場所をいい，特に，次のものを含んでいます。

(a)　事業の管理の場所

(b)　支店

(c)　事務所

(d)　工場

　(e)　作業場

　(f)　鉱山，石油又は天然ガスの抗井，採石場その他天然資源を採取する場所

　また，建設工事現場もしくは建設もしくは据付けの工事又はこれらに関連する監督活動については，6か月を超える期間存続する場合には，「恒久的施設」を構成するものとされています。

　その一方，物品又は商品の保管又は展示のための施設，情報収集のための施設，その他企業のための準備又は補助的な性格の活動を行うことを目的とする一定の場所，については恒久的施設には該当しないとされています。

　恒久的施設に該当する場合，企業はその場所において事業活動を行っているとみなされ，その恒久的施設に帰属する所得については当該国で納税義務を負うなどの課税関係が生じます。

Q73　マレーシアにおける移転価格税制の概要

　マレーシアにおける移転価格税制の概要について教えてください。

Answer

1　移転価格税制とは

　移転価格税制とは，企業が親子会社等の関連者間での取引を行う際に，仕入価格を高く設定することや販売価格を安くすることにより，所得を国外に移転し，税負担を減少させる行為に対応するため，その原因となる関連者間取引について第三者との取引としてなされた価格（独立企業間価格）に修正して課税所得を決定するための税制をいいます。

　近年，企業のグローバル化により国をまたいだ企業間取引が増加しています。

過度の利益移転に対して適正な国際課税の観点から各国移転価格税制の整備が行われています。

2　マレーシアにおける移転価格税制

　マレーシアでも移転価格税制が導入されています。2003年に移転価格のガイドラインが公表され，移転価格の文書化が求められることとなりました。その後，2012年にガイドラインの改定（Transfer Pricing Guidelines 2012）が行われています。これに関連して移転価格税制の所得税法上の取扱いが追加されています（Income Tax（Transfer Pricing）Rules 2012）。

　また，2017年7月にはOECDに準拠する形で移転価格ガイドラインを改定しています。グループ収益がRM 3,000,000,000以上の多国籍企業については，要請に応じてマスターファイルと国別報告書の提出が求められています。外国多国籍企業の在マレーシア子会社もこの要件に含まれています。

Q74　移転価格税制の対象取引

マレーシアにおいて移転価格税制の対象となる取引について教えてください。

Answer

　関連者間における製商品の売買，サービスや無形資産の提供取引について移転価格税制の対象となります。マレーシア国内における関連者間取引についてもマレーシアでは移転価格税制の対象取引に該当します。

1　関連者の範囲

　ある会社が他の会社に直接又は間接的に支配されている場合，関連者に該当します。

【事例１】

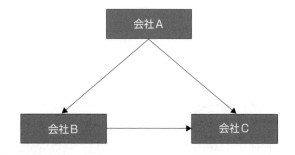

　会社Aは会社Bと会社Cの親会社です。会社Bと会社Cは会社Aに支配されているので，関連者に該当します。したがって会社Bと会社Cとの取引は移転価格税制の適用を受けます。

【事例２】

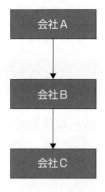

　会社Bは会社Aの子会社で会社Cは会社Aの孫会社です。この場合，会社Aは会社Cを「間接的に」支配しているので，会社Bと会社Cは関連者に該当します。

【事例3】

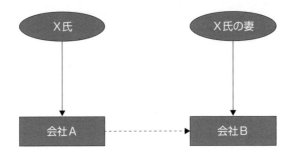

　X氏は会社Aを所有し，X氏の妻は会社Bを所有しています。この場合，会社Aと会社Bは共通の支配関係にあるとされ，相互の取引は移転価格税制の適用対象となります。

2　独立企業間価格（Arm's Length Price）

　移転価格税制においては関連者との取引が独立企業間価格でなされたかどうかが焦点となります。独立企業間価格とは関連者間で行われた取引を独立した第三者との間でなされたものと仮定した場合に当該取引において設定されるであろう価格のことをいいます。

　独立企業間価格の算定方法は以下の5つの方法の中から選択することができます。ただし，以下の(iv)と(v)については，(i)〜(iii)の方法では算定が難しい場合のみ選択することが認められます。

（ i ）　独立価格比準法（Comparable Uncontrolled Price Method：CUP法）

（ii）　再販売価格基準法（Resale Price Method：RP法）

（iii）　原価基準法（Cost Plus Method：CP法）

（iv）　利益分割法（Profit Split Method：PS法）

（v）　取引単位営業利益法（Transactional Net Margin Method：TNMM）

3 移転価格の対象となる取引

マレーシアにおいては例えば以下の取引が移転価格税制の対象となります。

（i） 物品の購入又は販売

（ii） ロイヤリティ，ライセンスフィー，その他無形資産の使用に伴い発生する対価

（iii） マネジメントフィー

（iv） 研究開発

（v） 上記以外のその他サービス

（vi） 賃料，リース料

（vii） 利息

（viii） 保証料

Q75 移転価格の文書化規定

マレーシアでは，どのような場合に移転価格の文書化が求められるのでしょうか。

Answer

マレーシアでは移転価格文書について「同時文書化」が求められています。同時文書化義務とは法人税の確定申告までに移転価格文書を作成しなければならないとする規定です。作成義務はありますが，法人税の申告書の提出時に提出する義務はありません。しかしながら，IRBより提出が要請された場合には30日以内に提出が必要のため，いずれにせよ移転価格の文書化は必要となります。また，作成にあたってはマレーシア語か英語での作成が求められます。

文書化にあたっては以下の項目の記載が必要です。

（i） 組織構造

(ⅱ)　ビジネスの性質，産業及びマーケットの状況

(ⅲ)　関連者間取引の概要

(ⅳ)　価格ポリシー

(ⅴ)　価格ポリシーの設定に影響を与える前提，戦略，その他の情報

(ⅵ)　比較可能性分析，機能分析及びリスク分析

(ⅶ)　選定した独立企業間価格の算定方法

(ⅷ)　財務情報

　マレーシアでは年間の売上高がRM 25,000,000超かつ関連者間取引高が年間RM 15,000,000超の会社又は金銭貸借取引の取引高が年間RM 50,000,000超の会社は上記全ての情報を記載した移転価格文書を作成する必要があります。それ以外の会社については文書化義務が軽減され，上記のうち(ⅰ)，(ⅲ)，(ⅳ)の項目について文書化をするという選択をすることができます。

Q76　マレーシア税務当局の移転価格調査に係る動向

　マレーシアでの移転価格調査に関する現在の動向について教えてください。

Answer

　2012年に移転価格ガイドラインがIRBより出され，その後移転価格調査フレームワークが出されました。このフレームワークは2013年４月１日より適用となっています。このフレームワークでは，移転価格調査の対象会社選定基準，移転価格調査の方法，課税事業者や税務調査官の権利と責任，ペナルティ等が記載されています。

1　概　　要

　移転価格調査の概要は各社の関連者間取引がIRBの発行する法律，ガイドラインならびにルールに従い独立企業間価格で取引されているかを確認することにあります。

　マレーシアの移転価格調査は主に机上調査（Desk Audit）と現地調査（Field Audit）とに分類されます。机上調査は移転価格に関連する文書や資料のレビュー，インタビューについて，IRBの事務所で行われる調査です。現地調査は課税事業者の事務所にて関連する書類のレビューが行われます。どちらの調査が行われるかは関連会社間取引の種類や金額，重要性等を分析した結果に基づいてIRBが決定します。税務調査の対象に選定された場合，IRBからメール又はFAXにて対象会社に通知がなされます。その後，電話でも選定された旨の連絡を受けます。通知を受けた課税事業者は移転価格文書を含む関連書類の提出が求められます。通知から14日以内に税務調査が開始されますが，事前の通知なくIRBが課税事業者の事務所に訪問することもあります。税務調査の対象となる課税年度は通常，状況に応じて直近の3課税年度から5課税年度です。

　税務調査が終了すると，IRBより指摘事項に基づいて再計算した追加税額の通知を受けます。税務調査結果に異議のある課税事業者は通知を受けてから30日以内に特別委員会へ不服の申立てを行うことができます。

2　ペナルティ

(1)　過少申告又は情報の非開示によるペナルティ

　移転価格調査後，その指摘事項の内容によりペナルティ料率が異なります。それぞれの料率は以下のとおりです。

状　　況	料率（%）		
	通常のケース	税務調査前の自主申告	税務調査対象に選定される前の自主申告
過少申告又は所得の申告漏れ	45	35	15
移転価格文書の未作成	35	30	15
移転価格文書が作成されているものの，ガイドラインに則っていない	25	20	10
情報の非開示	過少申告額の100%		
再度の指摘	回数を重ねるごとに20%加算		

(2)　税務調査中に協力的でなかった場合

　税務調査中に適当な作業場所をIRBに提供しない等，協力的でなかった場合，RM 1,000からRM 10,000までの罰金，1年内の懲役のいずれか又はその両方が課税事業者に課されます。

(3)　十分な記録を残していなかった場合

　税務調査に必要な記録を残していなかった場合には，RM 300からRM 10,000までの罰金，1年内の懲役のいずれか又はその両方が課税事業者に課されます。

　IRBは税務調査のターゲットを特に定めているわけではありませんが，一般的には以下の会社が調査対象に選定される傾向にあります。

①　同業他社と比較して利益率が低い

②　過年度において課税所得が著しく変動している

③　過年度から継続して課税所得がマイナス

④　法人税申告書の移転価格文書化の有無（コラム参照）に「無」とチェックされている

⑤　関連者との取引金額が多い，等

Q77　移転価格に係る事前確認制度

マレーシアにおける事前確認制度の概要を教えてください。

Answer

　事前確認制度（Advance Pricing Arrangement：APA）とは，将来の関連者取引について製品やサービスの取引価格を事前に取り決めておく制度のことをいいます。

　IRBは2012年5月にIncome Tax（Advance Pricing Arrangement）Rules 2012を公表しました。このルールに従い，クロスボーダー取引を行う課税事業者はAPAの申請をDGに対し行います。

　所得税法第138C条では，関連者とクロスボーダー取引を行う課税事業者は独立企業間価格を決定する移転価格方針についてDGと合意しAPAを締結します。APAの確認対象期間は最低でも3課税年度，最高で5課税年度とされています。

　APAの初回申請及び更新については，それぞれRM5,000の手数料が必要です。更にDGとの合意に基づき追加の手数料が必要となる場合もあります。

Q78　過少資本税制

マレーシアでは過少資本税制は導入されていますか？　その内容を教えてください。

Answer

　資金調達を借入で行った場合の支払利息は損金算入される一方，出資で行った場合の配当は損金不算入となるため，資金調達を借入で行うか，出資による

かによって法人税の負担額が異なることとなります。このため，国外に親会社等を持つ国内の会社については資本を過少にし，親会社等から借入を増やすことによってマレーシア国内での税負担を戦略的に避けることが可能です。過少資本税制とは，課税の適正化を図るため，借入のうち一定の金額を超える部分にかかる利息については損金とはみなさないこととする税制をいいます。

1　マレーシアにおける過小資本税制の変遷

マレーシアでは2009年1月にマレーシア所得税法140A(4)に過少資本税制に関する規定がなされました。この条項は過少資本会社の支払利息の一部について税務上の損金算入を認めないとする等，一定の制限をかけるものでした。しかしながらその適用については2度延期され，2018年1月1日より適用となる予定でしたが，2017年10月に公表された2018年予算案では，過少資本税制に変えてアーニングス・ストリッピングルール（Earnings Stripping Rules：ESR）が提案され2019年1月1日より適用されています。

2　アーニングス・ストリッピングルール (ESR)

ESRはOECDのBEPSプロジェクト行動計画4の利息の損金算入の制限にかかる最終報告書において提唱された「固定比率ルール（Fixed Ratio Rule)」に基づくものです。

現在のところ，関連者間でなされた支払利息について損金算入はEBITやEBITDAといった会社の利益指標の10％〜30％の範囲内に制限されることとなります。

　マレーシアでの法人税の申告はForm Cという様式に従い提出が求められています（Q30参照）。また2014年課税年度より法人税の申告は電子申告によることとされています。

　マレーシアでは2012年に移転価格ガイドラインが公表されて以降，移転価格税制に対するIRBの監視が強まっています。例えば，2014年課税年度より法人税申告書に新たな項目が設けられ，"Transfer pricing documentation prepared"（移転価格の文書化は済んでいるか）という項目にYesかNoで回答しなければならなくなりました。Q75で記載のとおり法人税の確定申告書の提出時に移転価格文書を提出する必要はありませんが，当該項目にNoと回答するとIRBによる税務調査がなされる可能性が高まりますので，実質的には法人税の申告時に移転価格文書を作成し法人税の申告書の提出時に当該チェック欄をYesで回答することが推奨されています。

第 **5** 章

個人所得税に関するQ&A

━━● Point ●━━

　マレーシアでは，所得税法において法人税及び個人の所得税が規定されています。

　居住者となるか，非居住者となるかで所得の範囲，控除の適用の有無，税率に違いが出てきますので留意が必要です。

マレーシア居住者と非居住者で個人所得税においてどのような違いがあるのか教えてください。また，居住者・非居住者の判定方法について教えてください。

Answer

1　居住者及び非居住者の取扱い

　マレーシアの所得税法上，個人所得税の取扱いは，納税者が居住者もしくは非居住者のいずれに区分されるかにより異なります。例えば，居住者は所得の増加に応じた累進税率が適用されることに加えて一定の所得控除が認められます。一方で，非居住者は累進税率の最高税率である28％が一律に適用され，また，所得控除は認められません。

	居 住 者	非 居 住 者
所得の範囲	総所得	総所得
所得控除	一定の控除が認められる	認められない
適用税率	累進税率	28％

2　居住者・非居住者の区分の判定方法

　居住者・非居住者の区分の判定は，暦年中のマレーシアにおける滞在期間に基づいて判定されます。一般的には，所得税法第7条(1)における以下のいずれかの要件を満たした場合に税務上の居住者として取り扱われることになります。

(1) マレーシアの滞在期間が182日以上

　　例① 滞在期間が連続しているケース

　　　1月1日　　　　　　　　　　　　　　　　　　12月31日

　　　　滞在期間182日以上の場合，税務上の居住者として
　　　　取り扱われる

　　例② 滞在期間が分かれているケース

　　　1月1日　　　　　　　　　　　　　　　　　　12月31日

　　　　滞在期間の合計が182日以上であれば税務上の居住者
　　　　として取り扱われる

(2) ある課税年度においてマレーシアでの滞在期間が182日未満の場合で，かつ当該滞在期間が直前課税年度もしくは翌課税年度における連続した182日以上の期間と継続していること

　　なお，下記の理由によりマレーシアから一時的に出国した場合においては連続滞在日数の計算において出国したとはみなされません。

- ▸ マレーシアでの業務に関連する出張，会議出席，セミナー及び研修参加による出国
- ▸ 本人もしくはその近親者の病気療養のための出国
- ▸ 合計14日を超えない休暇や一時帰国等

例① 2018課税年度において滞在期間が182日未満であるが，直前課税年度における滞在期間が182日以上であり，また，その期間と継続しているケース

2017年の滞在期間：2017年5月1日〜2017年12月31日（182日以上）
2018年の滞在期間：2018年1月1日〜2018年1月31日（182日未満）
⇒2018課税年度も税務上の居住者として取り扱われる

例② 2018課税年度において滞在期間が182日未満であるが，翌課税年度における滞在期間が182日以上であり，また，その期間と継続しているケース

2018年の滞在期間：2018年12月1日〜2018年12月31日（182日未満）
2019年の滞在期間：2019年1月1日〜2019年7月31日（182日以上）
⇒2018課税年度も税務上の居住者として取り扱われる

(3) 当課税年度に90日以上滞在し，かつ，直前4課税年度のうちいずれかの3課税年度において下記の要件を満たす場合：

① いずれかの3課税年度において税務上の居住者であった場合，もしくは

② いずれかの3課税年度において90日以上滞在していた場合

2014課税年度，2016課税年度，2017課税年度の3課税年度において，税務上の居住者として取り扱われている，もしくは90日以上の滞在があるため，2018課税年度は税務上の居住者として扱われる

138

(4) 直前3課税年度において税務上の居住者であり，且つ，翌課税年度においても税務上の居住者である場合

2015～2017課税年度において税務上の居住者であり，また，2019課税年度において税務上の居住者となった場合には，2018年課税年度においても税務上の居住者として取り扱われる

Q80 個人所得税の免税措置
（非居住者に対する免税措置）

　マレーシアにおいて，短期間の就労をする予定ですが，個人所得税の申告・納付が必要になりますか。

Answer

　マレーシアにおいて就労する限りにおいては個人所得税の申告・納付が必要になりますが，以下の条件を満たした場合，免税措置を受けることが可能です。

1　非居住者の短期間の就労に係る免税措置

　マレーシアにおけるステータスが非居住者の場合で，また，就労日数が対象となる課税年度において60日を越えない場合は，マレーシアの給与所得は免税されることになります。なお，滞在が期末日をまたぐ場合，両課税年度における就労日数の合計が60日を超えないことが必要となります。

2　日本・マレーシア租税条約に基づく免税措置

　日本とマレーシア間の租税条約第15条においては，日本における居住者が下

記の条件を満たした場合に，マレーシアでの給与所得に係る所得税を免除しています。

1） 報酬の受領者のマレーシアでの滞在期間が当該暦年を通じて合計183日を超えないこと。

2） 報酬がマレーシアの居住者ではない雇用者又はこれに代わる者から支払われるものであること。

3） 報酬が雇用者のマレーシア国内に有する恒久的施設又は固定的施設によって負担されるものでないこと。

上記の条件を満たしている場合に，マレーシアにおける個人所得税の免税措置を受けることができます。しかし，この措置は自動的に付与されるわけではなく，免税措置の申請が必要であることには注意が必要です。租税条約による免税措置の申請は個人所得税の確定申告書の提出時に行うことができます。また，この際に，日本の税務当局から発行されたCertificate of Residence，パスポートのコピー，滞在日数を記載したリスト，その他日本の雇用者やマレーシアの雇用者からの関連書類の提出が必要になります。

Q81 個人所得税率

マレーシアの居住者に適用される累進課税税率を教えてください。

Answer

2018課税年度以降において居住者に適用される累進課税税率と税額の算定方法は下表のとおりです。

課 税 所 得	（RM）	適用税率（%）	税額（RM）
0−5,000	最初の5,000	0	0
5,001−20,000	次の15,000	1	150 （累計150）
20,001−35,000	次の15,000	3	450 （累計600）
35,001−50,000	次の15,000	8	1,200 （累計1,800）
50,001−70,000	次の20,000	14	2,800 （累計4,600）
70,001−100,000	次の30,000	21	6,300 （累計10,900）
100,001−250,000	次の150,000	24	36,000 （累計46,900）
250,001−400,000	次の150,000	24.5	36,750 （累計83,650）
400,001−600,000	次の200,000	25	50,000 （累計133,650）
600,001−1,000,000	次の400,000	26	104,000 （累計237,650）
1,000,000超	1,000,000超	28	……

※ 2020課税年度においては，RM2,000,000超の所得区分が新設され，適用される
税率は30％となります。そのため上表のうちRM1,000,000を超える所得区分につ
いては下表のように変更される予定です。

600,001−1,000,000	次の400,000	26	104,000 （累計237,650）
1,000,001−2,000,000	次の1,000,000	28	280,000 （累計517,650）
2,000,000超	2,000,000超	30	……

Q82　個人所得税の申告納税スケジュール

個人所得税の申告及び納税の事務手続を教えてください。

Answer

1　申告期限

　マレーシアにおける個人所得税は申告納税制度を採用しており，計算期間は暦年（1月1日～12月31日まで）を基準期間としています。また，IRBはE-filingシステムを導入しており，納税者はインターネットを経由して申告を行うことができ，申告書の種類や期限は所得の種類により下表のように定められています。

所得の種類	Form	提出期限
給与所得	Form BE/M	4月30日
事業所得	Form B/M	6月30日

　マレーシアにおいては，駐在員の給与計算を個人で実施することは煩雑であるため，税務エージェントに申告書の作成や提出を委託していることが多いです。

2　納税手続き

　マレーシアにおいては月次の源泉徴収制度（Monthly Tax Deduction system (MTD)）を導入しており，雇用者は毎月の所得の支払いから所得税額を徴収してIRBに納付することが必要になります。その後，申告時に最終税額を計算し追加納付が必要になった際には，Form BE／Mを使用している場合は4月30日まで，Form B／Mを使用している場合は6月30日までに納付することが必要になります。

Q83 所得税額の算定方法

マレーシア居住者の給与所得に係る所得税額の算定方法を教えてください。

Answer

マレーシアの給与所得に係る所得税額は【((総給与所得 − 所得控除) × 累進税率) − 税額控除】の計算式に基づいて算定することになります。

まず総給与所得は，給与所得，賞与，臨時収入，現物給与など全ての収入を含める必要があります（Q84，85参照）。次に総給与所得から一定の所得控除を行い課税所得を算定します。所得控除の例は配偶者控除，生命保険控除などが挙げられます（Q87参照）。課税所得を算定した上で累進税率を適用して所得税額を算定することになります。

Q84 個人所得税の課税対象の範囲

マレーシアでの個人所得税の対象となる給与所得の範囲を教えてください。

Answer

マレーシアは，国内で生じた所得に対して課税する属地的な方式を採用しており，マレーシアで生じた所得又は稼得した所得が課税対象として取り扱われます。注意点として，マレーシア国内で役務提供された期間に関連する給与所得は，支払場所に関わらずマレーシアにおいて課税対象として取り扱われることです。つまり，日系企業の駐在員がマレーシアで就労しており，その給与が日本で支払われていた場合においても，当該給与はマレーシア国内で稼得した

給与所得として課税されることになります。

給与所得として取り扱われるものの一例は以下のとおりです。

- ▶ 本給
- ▶ 賞与
- ▶ 報酬
- ▶ 歩合給
- ▶ 退職金
- ▶ 諸手当（残業，引越，交通費，家賃等）
- ▶ 臨時収入

なお，臨時収入とは雇用者より就労の対価として支給される現金もしくは，換金可能なものを指します。代表的な例は下記のとおりです。

- ▶ 会社負担分個人所得税（Q86 個人所得税の会社負担参照）
- ▶ 水道光熱費の補助（従業員が契約している場合）
- ▶ クラブ会員権の入会費・月／年会費等の補助（従業員名義の場合）
- ▶ 子供の学費補助
- ▶ 庭師・運転手等費用の補助（従業員が契約し費用を会社が負担している場合）
- ▶ 資産の無償供与又は割引供与（市場価格との差額が臨時収入として取り扱われる）

Q85 現物給与

日本人駐在員に対して支給する現物給与のうち，個人所得税の対象になる項目，及びその算定方法を教えてください。

Answer

マレーシアの個人所得税において，雇用者又は代理の者から従業員に対し

て雇用に関連して提供され，また，換金不可能なものは現物給与（Benefit in Kind）として取り扱われ，一定の計算方法に従い課税されます。以下，現物給与の主な例とその課税対象金額の代表的な算定方法を紹介します。

1　会社が提供する住居・ホテル等

　会社が従業員に対して住居を提供している場合，以下のいずれか低い金額が現物給与として取り扱われます。

(1)　提供している住居の実際の賃料

(2)　総所得金額の30％相当額

　また，会社が従業員に住居を提供する代わりに，ホテルに宿泊させた場合，総所得金額の３％相当額が現物給与として取り扱われることになります。また，１年未満の場合は日割計算をすることになります。

2　家具及び水道光熱費

　会社が契約し従業員の住居として提供している建物に家具が備えられている場合，また，当該物件の水道光熱費を会社が支払っている場合，下記の区分に基づいて課税対象金額が算定されます。

	家具の内容等	年額：RM
①	ダイニングルームやベッドルームなどの家具のセミファーニッシュ	840
②	①に加えて，エアコン・カーテンやカーペットが備え付けられている場合	1,680
③	①及び②に加えてキッチン用品も備え付けられているフルファーニッシュ	3,360
④	水道光熱費	実費

3 自動車及びその他の関連費用

　会社が所有している自動車を駐在員の私用に使用させていることがありますが，その場合一定の金額が現物給与として取り扱われることになります。また，私用に使用していると判定されるケースとして以下のケースにも注意が必要です。

（1）従業員の住宅と会社との通勤に使用されている

（2）自動車が従業員の住宅に保管され，従業員もしくはその家族が使用できる状況になっている

　上記の条件に合致する場合も含めて，自動車を私用に使用している場合，一定金額を現物給与として所得に含めることになり，また，燃料費を会社が負担している場合，その燃料費も現物給与として取り扱う必要があります。現物給与の金額は次のとおりです。

自動車の取得価格 (RM)	課税対象金額（年間）	
	車	燃料費
〜50,000	1,200	600
50,001〜75,000	2,400	900
75,001〜100,000	3,600	1,200
100,001〜150,000	5,000	1,500
150,001〜200,000	7,000	1,800
200,001〜250,000	9,000	2,100
250,001〜350,000	15,000	2,400
350,001〜500,000	21,250	2,700
500,001〜	25,000	3,000

（2017年12月末日現在）

　上記について，専属の運転手がついている場合，更に月額RM 600が課税対象金額として加算されることになります。また，従業員が車を所有しており，会社がその燃料費のみを負担している場合は，会社が負担した金額が課税対象金額として取り扱われます。

3 メイド・庭師

会社がメイド等を雇用し従業員にそのサービスを活用させている場合，メイドの場合は1人当たりRM 4,800，庭師の場合は1人当たりRM 3,600それぞれ現物給与として取り扱われます。

4 クラブ会員権の会費

会社名義のクラブ会員権の場合，入会金は課税されず，一方で月・年会費は現物給与として課税されます。

Q86　個人所得税の会社負担

当社では日本人従業員の個人所得税を会社が負担しています。個人所得税を会社が負担する場合の注意点を教えてください。

Answer

日系企業において，従業員を海外に駐在させる場合に "タックスイコライゼーション" という仕組みを採用するケースがあります。この仕組みは，当該従業員が，日本での勤務を継続していたと仮定した場合に日本で課税されると想定される税金相当額（Hypothetical Tax）を算定し，当該税金相当額のみを従業員に負担させることにより手取ベースの年収を保証し，一方，赴任地で課せられる個人所得税は雇用主が負担することになります。この仕組みは，駐在員に対して赴任地の税率の高低や複雑性による利益もしくは不利益を生じさせないようにすることを目的としています。

ここで，マレーシアにおいては，個人所得税を雇用主が負担するスキームを採用していたとしても，個人所得税の申告・納付義務は駐在員個人にあり，当該所得税の会社負担額は更に課税所得として取り扱われ課税されることになります。また，このように雇用主により負担された個人所得税の課税時期は，一

般的には対象課税年度の所得税が確定した時点となり，具体的には申告書を提出した時点ということになります。例えば，2018課税年度の確定申告書を2019年4月にIRBに提出した場合，個人所得税の会社負担金額は2019年4月において2019課税年度の課税所得として取り扱われることになります。

　一方で，帰任年度の課税所得計算においては異なる取扱いが規定されています。帰任する年度の課税所得計算は，まず，一度帰任する年度の会社負担分に対する所得税を算定し，その金額を再度所得に含めた上で改めて最終的な所得税金額を算定する，といったように課税所得の計算を2回繰り返すことになります。具体的には下記のとおりです。

　A氏は2018年11月末日に帰任（簡便的に所得控除等はないものとする）

① 1度目の所得税計算

2018年1月〜11月末日までの総給与所得	：RM 250,000
2017年課税年度の会社負担分所得税	：RM　27,980
合計	：RM 277,980

RM 250,000までに課税される所得税（Q81参照）	：RM 46,900
残額のRM 27,980までに課税される所得税（24.5%）	：RM　6,855.1
（RM 277,980 − RM 250,000）	
合計	：RM 53,755.1

② 2度目の所得税計算

2018年1月〜11月末日までの総給与所得	：RM 250,000
2017年課税年度の会社負担分所得税	：RM　27,980
①により算定された所得税	：RM　53,755.1
合計	：RM 331,735.1

RM 250,000までに課税される所得税 ：RM 46,900

残額のRM 81,735.1までに課税される所得税（24.5%）：RM 20,025.09

（RM 331,735.1 - RM 250,000）

2018年課税年度の所得税総額 ：RM 66,925.09

このようにして算定されたRM 66,925.09が帰任時（2018課税年度）に申告すべき所得税となります。

Q87 所得控除項目

個人所得税の計算上，所得控除項目にはどのようなものがありますか。

Answer

マレーシアの個人所得税の制度上，様々な控除項目があります。なお，前述のように，所得税上の控除は税務上の居住者のみに認められています。主な控除項目とその金額は下記のとおりです。

控除項目 （2019課税年度以降適用）	控除金額 （RM）
基礎控除	9,000
配偶者控除	4,000
扶養控除（18歳未満の子供）	2,000
扶養控除（18歳以上で，未婚，且つ大学での就学） ・国内の高等教育機関 ・国外の高等教育機関	8,000 8,000
自身が障がいを有する場合	6,000
配偶者が障がいを有する場合	3,500
子供が障がいを有する場合	6,000

子供が障がいを有する場合（18歳以上，大学での就学を受けている場合など）	8,000
親の介護（最大2名まで，その他一定の条件があります）	1,500 （1名当たり）
障がいを有する者の補助器具購入費	最大6,000
生命保険及びEmployee Provident Fund（EPF）控除 ※ ただし，生命保険はRM 3,000，EPFはRM 4,000が上限となる	最大7,000
一定の退職年金拠出金	最大3,000
Social Security Organization Scheme（SOCSO）への拠出	250
医療及び教育保険控除	最大3,000
納税者が支払った医療費で • 納税者の両親に関わる医療費 • 本人・配偶者又は子供に対する重大な疾病に関わる医療費	最大5,000 最大6,000
ライフスタイル控除 （インターネット，新聞，本，スマートホン，タブレットやコンピューター，スポーツ用品，スポーツジムの会費）	最大2,500

Q88　帰国時の手続

　日本へ帰国することになりました。帰国する際の個人所得税の申告手続について説明してください。

Answer

　マレーシアで駐在していた方が日本に帰国する際には，IRBよりタックスクリアランスを出国するまでに取得することが必要になります。タックスクリアランスとは，納税者が納税を完了したことを確認するものとなります。

　タックスクリアランスを取得するためには下記の資料を提出する必要があります。

(1)　Leaver's Form（Form CP 21）及びFormEA

(2)　パスポートの原本と税務上の居住者かどうかを判定するための旅程表

(3)　確定申告書（Form B/BE）

(4)　IRBが要求したその他の資料

Q89　罰則と修正申告

マレーシアにおいて個人所得税に関する罰則はどのようなものがありますでしょうか。

Answer

マレーシア所得税法において定められている個人所得税に関わる主な違反は下記のとおりです。

(1)　確定申告書の申告漏れ

(2)　過少申告・申告誤り

(3)　納税額に影響するような誤った情報の提供

(4)　IRBの情報提供依頼に対して従わないこと

罰則の料率は様々な規定がありますが，代表的な罰則料率は下記のとおりです。状況により異なる規定が適用されるため，適用の際には税務専門家に確認することが望まれます。

違反内容	ペナルティー料率
過少申告	追徴税額の80％－100％
申告漏れ	追徴税額の80％－300％

　マレーシアで最も人気のあるスポーツは？　とマレーシア人に質問すると，多くの方がバドミントン，と答えるほどバドミントンはマレーシアで人気のスポーツです。世界的に有名な選手を輩出し，リー・チョンウェイ（Lee Chong Wei）選手はマレーシア出身で北京，ロンドン，リオとオリンピック３大会連続で銀メダルを獲得した実力者です。

　また赤道直下のマレーシアでは意外かもしれませんが，毎年KL（クアラルンプール）マラソンが開催されています。南国なのに42kmも走って大丈夫？　と心配の方もいらっしゃるかもしれませんが，日中の暑さを考慮して早朝にスタート（2019年は午前４時前にフルマラソンスタート）し，トップランナーだと太陽が昇りきらないうちにゴールしてしまいます。

　その他，サッカーやテニス，ゴルフ，モータースポーツ等，様々なプロスポーツがマレーシアでは開催され，多くのマレーシア人が観戦に出かけています。

第 6 章

法人税・所得税以外の
税制に関するQ＆A

● Point ●

　マレーシアにおける間接税は2015年に日本の消費税に相当する物品・サービス税（GST）が導入されましたが，2018年の政権交代により廃止となっています。現在はGST導入時に廃止された売上税及びサービス税（SST）が復活していますが，課税対象や免税措置において変更点があるため注意が必要です。

　GSTやSST以外にも物品税，関税，印紙税，不動産譲渡益税（RPGT）についても説明をしています。

マレーシアにおいて，GSTに代わりSales Tax／Service Tax が導入されると聞きました。この税制はどのようなものでしょうか。

Answer

　マレーシアでは2018年9月1日から売上税及びサービス税（Sales Tax／Service Tax，以下「SST」）が導入されました。このSSTは2015年3月31日まで適用されていたのですが，2015年4月1日以降，物品サービス税（Goods and Services Tax，以下「GST」）導入に伴い廃止されていました。しかしながら，2018年5月のマレーシア議会下院選挙に勝利した野党連合（希望連盟）が政権公約通りGSTを廃止したことから，代替財源として改めてSSTが導入されることになりました。大枠は過去のSSTの制度に類似していますが，課税対象品目，課税対象サービス，免税措置において細かな点で様々な変更点があるため注意が必要です。

　一般的にはSSTと呼ばれていますが，Sales Tax と Service Tax の2つの税を指し，それぞれ以下のとおりです。

種　　類	性　　　　　質	適用税率
Sales Tax	下記の課税対象品目に対して課税される単段階税 －マレーシアで登録製造業者により製造された後に，販売（もしくは処分・自社使用）される物品のうち特定の品目 －輸入品のうち特定の品目	5％もしくは10％
Service Tax	マレーシアでSST登録事業者が提供する特定のサービスの対価に対して課税される税	6％

　Sales Tax も Service Tax も単段階課税という点で特徴があり，多段階課税であったGSTと比較すると，仕入税額控除の制度がなく，購入者からはコス

ト的な性質になる点が特徴です。

Q91　SSTの課税対象品目・課税対象サービス

SSTはどのような取引に対して課税されるのでしょうか。

Answer

　SSTが課税されるかどうかはSales TaxとService Taxそれぞれ個別に確認する必要があります。

(1)　**Sales tax**

　Sales Tax の課税対象品目は，"General Guide on Sales Tax"に下記のように定義されています。

　　"Taxable goods are goods of a class or kind that are not being exempted

　　from sales tax"

　課税対象品目を直接設定するわけではなく，免税対象品目を定義して，それ以外の品目は全て課税対象として取り扱っています。また，免税対象品目 は "Sales Tax（Goods Exempted from Sales Tax）Order 2018"（2018年 8 月28日公布）のSchedule Aの表に記載されています。Schedule Aは300ページ以上にもわたる膨大な量になっていますが，国際条約である "International Convention on the Harmonized Commodity Description and Coding System" に基づく統計品目番号（H.Sコード）で検索することが可能です。ただし，H.Sコードで検索ができた場合でも，次ページの【抜粋】Description(3)に具体的に明示されているもののみ免税対象品目として取り扱われることになるため注意が必要です。

Heading (1)	Subheading (2)	Description (3)
01.01	0101. 21. 00　00	Live Horses, Asses, Mules and hinnies. -Horses： -Pure-bred breeding animals

　上記のように定義された"免税対象品目"以外の課税対象品目に対しては Sales Tax が課税されることになり、適用される税率は下表のように定められています（"Sales Tax（Rates Of Tax）Order 2018"（2018年8月28日公布））。

適用税率	主な品目の一例 ※	詳　　細
5％	－飲料、食品、果物、食用脂等 －木材・木材製品 －鉄鋼製品 －電気部品や時計・その部分品	"Sales Tax（Rates Of Tax）Order 2018" First Schedule
その他	石油製品等	"Sales Tax（Rates Of Tax）Order 2018" Second Schedule
10％	上記以外	－

※　一部抜粋したものであり、記載されている品目全てに対応する税率が適用されるわけではなく、関連する Order を確認する必要があります。Royal Malaysian Customs Department MySST ウェブサイト：https：//mysst.customs.gov.my/SSTOrders

(2)　Service Tax

①　課税対象サービス

　Service Tax の課税対象となる課税対象サービスは、"Service Tax Regulation 2018"の First Schedule において、提供するサービスの性質に基づいて（A）から（I）までのグループに区分され規定されています。代表的な例は次ページの表のとおりですが、一口にサービスと言ってもその実態は個々の契約によって実施している内容が異なることがあり、また、この Regulation 以外に

もグループごとにindustry Guidesが公表されており，課税対象か否かの取り決めが具体的になされていますので注意が必要です。

グループ	サービス	代　表　例
A	ホテル業（ロッジハウス，サービスアパート等含む）	宿泊施設の提供 宿泊施設内での関連サービスの提供
B	飲食業	レストラン等での飲食物の準備・提供 レストラン等での関連サービスの提供
C	ナイトクラブ等	施設内での関連サービスの提供
D	プライベートクラブ	プライベートクラブ内での関連サービスの提供
E	ゴルフクラブ	ゴルフクラブに関わるサービスやゴルフ練習場の提供
F	カジノ・ゲーム	カジノ，ゲーム，競馬，宝クジの提供
G	専門家業務	法務サービス 会計・記帳サービス 測量・鑑定サービス エンジニアリングサービス 建築サービス コンサルティングサービス トレーニングサービス ITサービス マネジメントサービス 人材サービス セキュリティーサービス
H	クレジットカード等	クレジットカードの発行等
I	その他サービス	タカフルも含めた保険サービス テレコミュニケーション 通関サービス 駐車場の提供 車両等のメンテナンスサービス 宅配サービス ハイヤー・ドライバー 広告宣伝サービス 電力供給サービス 航空サービス アミューズメント施設の運営 クリーニングサービス

例えば，ITシステムのメンテナンスサービスを提供している場合，当該サービスが課税対象かどうか検討するとします。ITに係ることであればグループGのITサービスに関して，Guide on Information Technology Services V 4（2018年12月13日）というものを参照できるかと考えられますが，FAQ 6．においてはサーバーのメンテナンスは非課税である一方で，ソフトウェアやオペレーティングシステムのメンテナンスは課税対象であるとうたわれています。このように細かな取り決めがあり，関連する規定・Guideに合致するかどうかの判断は実務的には難しいものです。また，ある特定のサービスについて独自に課税対象かどうかを決定し運用を開始した後，数年後の税務調査によって課税対象の判断が異なるとの指摘を受けた場合，実務において非常に大きな影響を及ぼすと想定されます。課税対象サービスに該当するかどうかの検討においては，自社で提供しているサービスについてRegulationや関連するGuideに照らしてしっかり検討し，その検討結果を記録として残して事後的に確認できるようにしておくことが望まれ，可能であれば適切な専門家に相談することが良いと考えられます。

② 専門家業務に係る免税措置（グループ間取引）

　上記のように課税対象サービスとして取り扱われるサービスのうち，グループGに含まれる以下のサービスは，一定の要件を満たすことにより課税対象サービスから除外することが可能です。

- ▶ 法務サービス
- ▶ 会計・記帳サービス
- ▶ 測量・鑑定サービス
- ▶ エンジニアリングサービス
- ▶ 建築サービス
- ▶ コンサルティングサービス
- ▶ ITサービス
- ▶ マネジメントサービス

　上記サービスを事業として行っている会社において，同じグループ内の会社

"のみ"に上記サービスを提供している場合には，上記サービスは課税対象サービスから除外することが認められます。マレーシアに複数拠点を有する日系企業においては，シェアードサービスセンターとして会計・記帳サービスやITサービスをグループ内の会社にのみ提供しているケースがありますので，この免除要件を活用できる可能性があります。しかし，サービスの提供先にグループ外の会社がある場合，グループ内に提供している部分も含めて課税対象サービスとして取り扱われる点には注意が必要です。

※ なお，この免税措置の制限は2020年1月1日より緩和される予定です（執筆時点）。具体的には当該サービスをグループ外の会社に対して提供していたとしても，その取引金額が12か月間の同サービスの取引金額全体の5％を超えない場合には，グループ内の会社に提供している部分はこの免税措置の対象となることが予定されています。

Q92　SSTの申告・納税手続

SSTの納税手続について教えてください。

Answer

SSTの納税義務者・手続については以下のとおりです。

(1)　納税義務者

① Sales tax

前述のとおり，Sales Taxは登録製造業者が課税対象品目を製造した上で販売（もしくは処分・自社使用）した際に課税され，登録製造業者が納税義務を負うことになります。

登録製造業者の要件は，課税対象品目の販売額が12か月間でRM 500,000を超える場合であり，この要件を満たした場合は，登録製造業者としての登録申請が義務付けられます。登録申請義務が生じるのは以下のいずれか早い時点となります。

① 各月末時点において，当該月及び直前11か月間における課税対象品目の販売金額合計がRM 500,000を超えている場合

② 各月末時点において，当該月と直後の11か月間における課税対象品目の販売金額合計がRM 500,000を超えることが合理的に見込まれる場合

納税義務は登録製造業者に課されているので，（特に会社設立後において）いつからSales Taxを顧客に請求する必要があるかを判定するために，登録製造業者の登録義務が生じるタイミングは適切に判断することが必要です。

③ Service Tax

Service Taxは課税対象サービスの対価を受領した時に発生し，登録事業者が納税義務を負います。

登録事業者の登録義務の基準値はService Tax Regulation First Scheduleに定められています。

サービス	基　準　値
飲食業	RM 1,500,000超
クレジットカード等	基準値なし
上記以外の課税対象サービス	RM 500,000超

また登録義務が発生する時期は主に以下のいずれか早い時点となります。

i 各月末時点において，当該月及び直前11か月間における課税対象サービスの販売金額合計が基準値を超えている場合

ii 各月末時点において，当該月と直後の11か月間における課税対象サービスの販売金額合計が基準値を超えることが合理的に見込まれる場合

(2) 登録製造業者・登録事業者としての申請

① Sales Tax- Service Tax

前述のように，登録製造業者としての登録義務が発生した場合，もしくは自発的に登録申請をする場合（ボランタリー登録），Form SST-01による電子申告をする必要があります。FormはMalaysia Sales & Service TaxのOfficial Website（MySST）において入力します。申請が認可された場合は，

登録製造業者としてのIdentification Numberが付与されます。

(3) 納税義務の発生

Sales Tax及びService Taxがいつ発生するかは，申告のタイミングに影響するため重要なポイントとなります。

① Sales Tax

　Sales Taxは課税対象品目が販売，処分もしくは製造過程において材料として消費された時点で納税義務が発生したものと取り扱います。

② Service Tax

　一方でService Taxは少々複雑です。総論としては，課税対象サービスに係る支払いを受領した時点でService Taxの納税義務が発生したものと取り扱われます。しかしながら，下記のような別の取扱いも規定されているため注意が必要です。

▶ 提供されたサービスに係る支払いが請求書の発行日より12か月間なされていない場合は，その12か月を経過した日。

▶ 前受金は請求書が発行された時点で納税義務が発生したものと取り扱う。

(4) 申告・納税スケジュール

SSTの課税対象期間は2か月ごとで，課税対象期間の翌月末までに申告納付することが必要です。また，この課税対象期間は，決算月ごとに下記のように定められています（MySSTウェブサイトより）。

決　算　月	課税対象期間	申告期限
奇数月	2月-3月	4月
	4月-5月	6月
	6月-7月	8月
	8月-9月	10月
	10月-11月	12月
	12月-翌年1月	2月
	1月-2月	3月
	3月-4月	5月

偶数月	5月 – 6月	7月
	7月 – 8月	9月
	9月 – 10月	11月
	11月 – 12月	翌年1月

Q93　課税対象品目の免税措置

　当社は，Sales Taxの登録製造業者として課税対象品目を製造・販売していますが，製造工程で使用する原材料や部品も課税対象品目となっています。この場合，原材料や部品を仕入れる際にSales Taxを支払う必要があるのでしょうか。

Answer

　前述のとおり，Sales Taxはある製品の材料の供給，製造，流通，消費に至るサプライチェーンの過程の中で，製造業者が製造・販売した時点でのみ課税することをコンセプトとした単段階の税金であり，また，原則的には仕入税額控除の制度がないことから，2重課税を防ぐために様々な免税措置が認められています。課税対象品目取引に係る主な免税措置は「SALES TAX（PERSONS EXEMPTED FROM PAYMENT OF TAX）ORDER 2018」において，主に3つのグループに分けて免税措置を設けています。

免税グループ	内　　容
Schedule A	例えば連邦政府，州政府といったSales Tax の支払いが免除される者
Schedule B （非登録製造業者に対する免税措置）	特定の免税対象品目の非登録製造業者に対する，その免税対象品目の製造工程で使用される原材料・部品や梱包材の調達に係る免税措置

Schedule C （登録製造業者に対する免税措置）	登録製造業者に対する，課税対象品目の製造工程で使用される原材料・部品や梱包材の調達に係る免税措置

　当該規定において，上記の免税グループごとに免税措置の対象者や対象取引形態を数多く列挙されています。免税措置が認められるかどうかは貴社の取引形態が上記の免税グループに含まれていることを確認することが必要であり，含まれている場合にMySSTウェブサイトにおいて免税申請処理をして，免税のためのCertificateをダウンロードすることで免税を受けることができます。

　貴社の場合，例えばSchedule Cに下記の取引形態が事例として取り上げられていますので，免税対象として認められると考えられます。

免税対象者	免税対象品	条　　　件	Certificateへの署名者
登録製造業者	原材料，部品及び梱包材（原材料等）	原材料等が他の登録製造業者より供給される，もしくは輸入され，登録製造業者の課税対象品目の製造のみのために使用される，等	登録製造業者

　なお，登録製造業者が商社を輸入代行として活用して原材料等を輸入しているケースがあります。商社自身は登録製造業者ではないとしても，下記の条件を満たせば，商社も登録製造業者の代理人として免税措置が認められるケースがあります。

免税対象者	免税対象品	条　　　件	Certificateへの署名者
登録製造業者の代理人として輸入している者	原材料，部品及び梱包材（原材料等）	原材料等が他の登録製造業者より供給される，もしくは輸入され，原材料等が登録製造業者の課税対象品目の製造のみのために使用される，等	登録製造業者

　※　上記以外にもSales Taxに関する様々な免税措置が導入されていますが，輸出する目的のために課税対象品目を購入又は輸入する事業者などに対して，一定の要件のもと新たな免税措置を導入することが提案されています。これは，"Approved

Major Exporter Scheme" と呼ばれており，輸出金額が年間売上の80％を超える事業者に対して，下記のいずれかの要件を満たす場合に，課税対象品目を購入又は輸出する際に課されるべき Sales Tax の支払いを免除するものです。

① 当該課税対象品目が輸出される場合
② 当該課税対象品目が原材料等として製造に使用され，且つ，その後輸出される場合

　この免税措置は2019年10月11日に提案され，2020年7月1日より適用予定です。

Q94　仕入税額控除制度

　当社は登録製造業者ですが，ある会社から当社の生産活動に使用する原材料・部品等を調達しています。調達先は非登録製造業者ですが，どうやら彼らもそれらの原材料・部品等を購入する際に Sales Tax を支払っているようです。当社は登録製造業者として課税対象品目の製造・販売をしていますが，当然販売時には Sales Tax を請求する必要があります。この場合，一連のサプライチェーンにおいて調達先の非登録製造業者が支払っている Sales Tax と当社が顧客に請求することになる Sales Tax とが2重に課されることになり，価格競争力を失います。二重課税を防ぐ手立てはないでしょうか。

Answer

　ご質問は下記のような商流において発生している問題と考えられます（前提として全て Sales Tax の課税対象品目である場合）。

①登録製造業者　　　　②中間業者　　　　③登録製造業者　　　　④顧客
（もしくは輸入）　　　（非登録製造業者）

セールスタックスの　　　　　　　　　　再度セールスタックス
課税　　　　　　　　　　　　　　　　　が課税

　この商流において，②中間業者は登録製造業者ではなく，また，③の登録製造業者（今回のケースでは貴社）の代理人でない場合は，Q93に記載されているような免税申請をすることができず，Sales Taxを支払う必要があります。③の登録製造業者は，当該原材料等を中間業者から購入し，製造・販売することになりますが，登録製造業者としてSales Taxを請求することが必要になり，一連のサプライチェーンにおいて二重にSales Taxが課税されていることになります。マレーシア税関はこのような二重課税の状況を是正するために，「GUIDE ON SALES TAX DEDUCTION FACILITY」を公表し，いわゆる仕入税額控除制度に類似した制度を限定的に導入しています。

　この制度において，③の登録製造業者は，一定の条件を満たすことにより，Sales Taxの控除を申請することができるようになります。申請条件や控除金額は下記のとおりです。

＜Sales Taxの控除制度の活用条件＞

①　課税対象品目が，登録製造業者ではない調達先から購入されている

②　調達先において課税対象品目に係るSales Taxが支払われている

③　Invoiceに前述のGuide 7.（ⅲ）に列挙されている必要事項が記入されている（シリアルナンバー，中間業者・登録業者の住所及び名称，品目，金額等）

④　調達先から購入された課税対象品目が，登録製造業者の生産活動に使用される

⑤　税額控除に係る証憑・記録を，控除した日より7年間保管する

⑥　その他大臣より指定される事項

＜控除率・控除金額の算定方法＞

税額控除の金額は，課税対象品目の適用税率に応じて下記のように定められています。

税率区分	控除率
5％	2％
10％	4％

（GUIDEで紹介されている例）

		控除率2％のケース
①	課税対象品目	RM 1,000.00
②	中間業者の支払済Sales Tax（①×5％）	RM 50.00
③	中間業者の利益額（50％） （（①＋②）×50％）	RM 525
④	登録製造業者による購入金額（①＋②＋③）	RM 1,575.00
⑤	Sales Taxの控除金額（④×2％）	RM 31.50

上記の控除金額RM 31.50が登録製造業者Sales Taxの納付額より控除することができます。

当制度に基づく控除は，課税対象品目を購入した課税対象期間において控除することになります。Sales Taxの課税対象期間は2か月ごとになります。例えば1月・2月の課税対象期間に発生した控除金額は，この1月・2月に係る申告書上のSales Taxの納付額より控除することになります。もし，当該期間において控除しきれなかった控除金額がある場合は，翌課税対象期間以降，全額控除するまで繰越しすることができます（還付制度はありません）。また，当該控除制度を使用する場合は，事前にMySSTウェブサイトにおいてオンライン申請することが必要になります。

Q95　外部委託契約（アウトソース）の取扱い

　当社は，課税対象サービスであるITシステム開発業務を提供しているマレーシア会社です。当社の顧客とのシステム開発業務の契約を締結したのち，一部の開発業務をアウトソースしています。しかしながら，アウトソースをした部分の業務についてService Taxが課税されると，コスト増の要因となり利益を圧迫してしまいます。実態としては当社の全体のサービスの一部を切り出しているだけですので，Service Taxの免除はできないものでしょうか。

Answer

　SSTは単段階課税であり製品やサービスのサプライチェーンにおいて複数段階で課税されることのないように免税措置が設けられています。今回のような貴社がメインサービスプロバイダーとなり，課税対象サービスの一部をアウトソースしている場合の免税措置も2019年1月1日より導入されています。当該免税措置は「SERVICE TAX（PERSONS EXEMPTED FROM PAYMENT OF TAX）ORDER 2018」（2019年1月1日より適用開始）に定められています。概要は下記のとおりで，該当する場合には免税措置を受けることができます。

【想定される商流図】

【免税対象サービス】

　このOrderに基づく免税対象となる課税対象サービスは下記のとおりです。

▸　Group Gの専門家業務

- ▸ 法務サービス
- ▸ 会計・記帳サービス
- ▸ 測量・鑑定サービス
- ▸ エンジニアリングサービス
- ▸ 建築サービス
- ▸ コンサルタントサービス
- ▸ ITサービス
- ▸ マネジメントサース
▸ Group Ⅰのその他サービス
- ▸ 広告宣伝サービス

【要件】

▸ メインサービスプロバイダーによりアウトソースされるサービスと提供される課税対象サービスが同一のものであること
▸ メインサービスプロバイダー及びアウトソースベンダーが登録事業者であること

Q96 輸入サービスの取扱い

国外の会社から課税対象サービスの提供を受領している場合，Service Tax は課税されるのでしょうか。国外の会社は登録事業者ではないため，課税対象外になるのではないでしょうか。

Answer

マレーシアで活動している会社が，マレーシア国外の会社より課税対象サービスの提供を受けた場合（以下輸入サービス）においても，Service Taxは課税されることになります。この取扱いは2019年1月1日から適用されています。

(1) 課税時点

輸入サービスに対しては下記のうちいずれか早い時点で課税され，また，納付義務が発生することになります。

▸ 国外の事業者へ支払いがなされた時点

▸ 国外の事業者から請求書を受領した時点

このため，Service Taxの申告実務において，納税義務の発生日を判断するために，請求書を受領した場合に日付入りの受領印を記録しておくといった社内ルールを定めておくことが必要です。

(2) 申告・納付方法

輸入サービスを購入した場合，ご質問のように国外の事業者はService Taxの登録事業者ではないためマレーシア内で申告義務はありません。では，どのようにService Taxは申告・納付されるのでしょうか。

a　Service Taxの登録事業者の場合

　　貴社がすでにService Taxの登録事業者である場合，Q92で記載したように隔月ごとにService Taxの申告を行うことが要求されていますので，その申告書において，輸入サービスの金額とともにService Taxの申告・納付を行います。

b　Service Taxの登録事業者でない場合

　　一方で登録事業者でない場合は，前述のようなSSTの申告を行っていません。この場合，輸入サービスに係るService Taxは個別に「SST-02A」と呼ばれる申告書を貴社が作成し申告・納付することが必要になります。この申告・納付は，輸入サービスに係る支払い，もしくは請求書を受領した月の翌月末日までに行うことが求められます。また，関連する記録・証憑類（マレー語又は英語）は7年間の保管義務が求められます。

Q97　罰　　則

SSTに係るペナルティーにはどのようなものがあるのでしょうか。

Answer

SSTの罰則には様々ありますが，代表的なものを紹介します。

⑴　納税の遅延に係る罰則

SSTの納税が遅延した場合，未納額について下記のようなペナルティーが科せられます。

遅　延　期　間	罰則の料率
最初の30日	10％
次の30日	15％（合計25％）
それ以降の期間	15％（合計40％）

⑵　登録製造業者や登録事業者の申請漏れ，申告書の申告漏れ

マレーシア税関長官（Director General, DG）が行う最善の見積りに基づいて未納額が決定され，また，その金額に対して前述の⑴の遅延に係る罰則も適用されます。

⑶　租税回避行為に係る罰則

意図的に租税回避行為を行った者，もしくは他の者の租税回避行為の幇助をした場合の規定は下記のとおりです。

① 租税回避行為の例

　　ａ） 申告書上において，納税金額に影響を与えるような事項の未記載

　　ｂ） 虚偽の申告や申請

　　ｃ） 問い合わせに対する虚偽の回答

　　ｄ） 虚偽の会計記録，証憑等の作成・保管

② 適用される罰則（表中の罰則金又は禁固刑，もしくはその両方が適用されます）

違反行為	罰則金	禁固刑
一度目の違反	未納額に対する 10倍以上〜20倍	5年以下
二度目の違反	未納額に対する 20倍以上〜40倍	7年以下

その他，SALES TAX ACT 2018やSERVICE TAX ACT 2018に係る違反行為で特段の罰則の記載がない場合は，RM 30,000以下の罰金又は2年以下の禁錮刑，もしくはその両方の罰則が適用されることなどが規定されています。

Q98 物品サービス税（Goods and Services Tax：GST）の概要

マレーシアのGSTの概要を教えてください。

Answer

GSTは2015年4月1日より導入された間接税です。GSTは日本の消費税と同様，売上に係る消費税額と仕入に係る消費税額との純額を税額として納付（仕入にかかる税額の方が大きい場合には還付）します。年間の課税売上高がRM 500,000超の事業者は課税事業者となり，課税事業者が行う課税対象取引に対してGSTが課税されます。課税事業者が事業活動の目的で提供する全ての課税物品及びサービス，及びマレーシアに輸入される物品及びサービスが課税対象取引としてGSTの申告が必要です。

なお，2018年5月の政権交代後，新政権により2018年9月よりGSTが廃止となりました。また2018年9月1日より従前導入されていた売上サービス税（Sales Tax, Service Tax：SST，Q 90参照）が導入されています。

Q99 物 品 税

物品税について教えてください。

1 物品税とは

物品税とは特定の輸入物品やマレーシア国内で製造された物品に課される間接税のことです。

2 物品税の課税対象

物品税が課税される対象は以下のとおりです。

① 酒類

② タバコ

③ 自動車

④ トランプ

⑤ マージャン牌

これらの物品をマレーシアで製造するためにはライセンス取得が必要です。ライセンスの取得のためには最寄りの関税局で申請を行う必要があります。

3 納税時期

物品税は対象となる物品が製造場所から出荷された時点で納税義務が発生する。自動車に対しては交通局（JPJ）に車を登録したときに納税義務が発生します。

Q100 関税の概要

マレーシアの関税の概要について教えてください。

Answer

マレーシアの関税に関してはRoyal Malaysian Customsが管轄しています。関税品目の分類は国際統一商品分類（HS分類）に基づき，関税率はCustoms Duty Order 2017に記載され，輸出・輸入それぞれに一定の関税率が課されます。また，マレーシアは日本やEU，オーストラリアといった国と二国間の自由貿易協定を締結し，TPP等の地域間の経済連携協定に加盟しています。以下はマレーシアが署名又は締結している自由貿易協定の主なものです。

1 二国間自由貿易協定

・マレーシアと自由貿易協定を締結している国・地域（2019年7月現在）

日本，オーストラリア，チリ，インド，ニュージーランド，パキスタン，トルコ，EU

2 地域間の経済連携協定

・環太平洋戦略的経済連携協定（TPP）（ただし，マレーシアは2019年8月末時点で未批准）

・ASEAN-日本経済連携協定（AJCEP）

・ASEAN-中国自由貿易協定（ACFTA）

等

Q101 印　紙　税

印紙税の概要について教えてください。

Answer

　印紙税は取引そのものではなく，特定の文書に対して課される税金のことです。印紙税率は文書の性質や取引金額に応じて設定されています。

① 資産の譲渡に係る印紙税率

資産の譲渡価額	印紙税率
RM 100,000まで	RM 100当たり RM 1
RM 100,000～RM 500,000まで	RM 100当たり RM 2
RM 500,000超	RM 100当たり RM 3

② 株式の譲渡に係る印紙税率

　RM 1,000当たり RM 3

③ 会社の定款に係る印紙税

　　一律 RM 100

④ ローンに係る印紙税

⑤ 契約書又は覚書

　　一律 RM 10

外貨建ローン	RM 1,000当たり RM 5 ただし最大で RM 500
中小企業（＊）以外へのローン	RM 1,000当たり RM 5
中小企業へのローン	
RM 250,000まで	RM 1,000当たり RM 0.50
RM 250,000～RM 1,000,000まで	RM 1,000ごとに RM 2.50
RM 1,000,000超	RM 1,000ごとに RM 5

　（＊）　中小企業とは，製造業の場合従業員が150人未満又は年間売上高がRM
　　　25,000,000未満の会社，非製造業の場合従業員が50人未満又は年間売上高が

RM 5,000,000未満の会社のことをいいます（1949年印紙税法第2条）。

印紙税は一定期間内に支払わなければなりません。期間内に支払わなかった場合，ペナルティが課されます。

遅 延 期 間	ペナルティ
3か月以内	未払税額の5％又はRM 25のいずれか大きい金額
3か月～6か月	未払税額の10％又はRM 50のいずれか大きい金額
6か月超	未払税額の20％又はRM 100のいずれか大きい金額

Q102　不動産譲渡益税（RPGT）

不動産譲渡益税の概要について教えてください。

Answer

マレーシアでは，不動産に対する投機的な投資が増加しています。投機的な投資による不動産の高騰を防止するため，マレーシア政府は不動産の売却益に対してRPGTと呼ばれる譲渡益課税制度を設けています。

RPGTは土地や建物等の不動産，土地に付随する権利等の譲渡益に対して課される税金です。RPGTはまた不動産会社（Real Property Company：RPC）として定義される会社の株式を売却した際にも課されます。RPCは有形資産の75％以上を不動産や他のRPC株式として保有している会社のことをいいます。

2018年11月2日に政府はRPGTの改正案を公表し，2019年1月1日より以降に生じた不動産譲渡益については以下の料率が課されます。

保有期間	法人	法人（マレーシア内国法人及び信託の受託者）	個人（外国人）	外国法人及び外国籍・非永住者の個人
取得から３年内の処分	30%	30%	30%	30%
取得から３年～４年内の処分	20%	20%	20%	30%
取得から４年～５年内の処分	15%	15%	15%	30%
取得から５年以降の処分	10%	5%	10%	10%

　また一定の条件を満たす場合には，RPGTの免税が認められています。主な免税の内容については以下のとおりです。

　①　RM 10,000又は譲渡益の10％に相当する額のうちいずれか大きい方の金額を譲渡益から控除

　②　マレーシア人又は永住権者による個人の居住不動産を売却した場合，当該取引から発生する売却益は生涯１回限り免税

　③　不動産保有者の死亡による相続，配偶者への権利移転等，一定の場合には取得価額と売却価額が同じであるとみなされます

　また，従来より，外国籍及び日永住者である個人が売手の場合，買手は譲渡対価の７％を保留することとなっているが，2019年改正法案により外国法人が売手の場合も外国籍・非永住者の個人と同様に譲渡対価の７％を保留することと明示された。

　新興国に行くと先進国とは異なり，公務員から賄賂を要求されると
いったことはよく聞きます。世銀のWorld Governance Indicatorの
Control of Corruption（汚職の抑制度）によれば，東南アジア諸国は，シ
ンガポールを別格にして，総じて日本より低いランク（すなわちより頻繁に
汚職が発生している）にあります。マレーシアは，東南アジア諸国の中では
ブルネイに次いで３位ですが，得点が低下傾向にあることが気になります。
マレーシアの選挙制度では，政権交代が起こりにくいという指摘はありま
すが，そのような制度的な不利にも拘わらず，マハティール元首相率いる
野党が勝った理由の一つに前政権の巨額汚職疑惑にあると言われています。
政権交代により，汚職に対する改善が行われれば，投資対象国としてのラ
ンキングの上昇にも貢献すると期待されています。

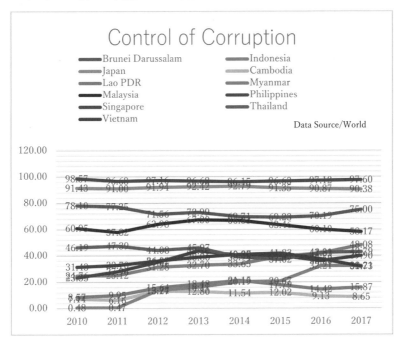

第
6
章

法
人
税
・
所
得
税
以
外
の
税
制
に
関
す
る
Q
&
A

第**7**章

会計・監査制度に関するQ&A

━● Point ●━

　マレーシアの会計基準はIFRS及び中小企業向けIFRSと同等の基準
が採用されています。

　またマレーシア国内で営業をする原則全ての会社及び支店は外部監査
人による会計監査を受ける必要があります。

Q103　マレーシアの会社法上必要な財務諸表について

　　マレーシアにおいて決算書はどのような書類を作る必要があるでしょうか？　また，個別財務諸表においてもキャッシュ・フローも作成が必要でしょうか？

Answer

　　マレーシアにおいては，会社法上作成が必要な財務諸表は財政状態計算書，包括利益計算書，持分等変動計算書，キャッシュ・フロー計算書，重要な会計方針の他，上記書類の理解にあたって必要な情報の要約を含んだ注記で構成されます。包括利益計算書とは，従来の損益計算書の当期純損益に加えて，その他有価証券評価差額金，繰延ヘッジ損益，為替換算調整勘定等のその他の包括利益を表示している計算書です。この包括利益計算書は単一の包括利益計算書として作成する場合（1計算書方式）と，独立した損益計算書及び包括利益計算書として作成する場合（2計算書方式）とがあります。包括利益計算書やキャッシュ・フロー計算書について，日本においては，連結財務諸表を作成している場合には個別財務諸表においては作成が義務付けられていませんが，マレーシアにおいては個別財務諸表においても作成が必要なため注意が必要です。

Q104　マレーシアの会計基準

　　マレーシアの会計基準について教えてください。

Answer

　　マレーシアの会計基準については，会社法第243条において，マレーシア会計基準審議会が認可した会計基準を使うものとしています。そのため，マ

レーシアにおいては，マレーシア財務報告基準（Malaysian Financial Reporting Standard以下，MFRS）とマレーシア非上場企業財務報告基準（Malaysian Private Entity Reporting Standards以下，MPERS）のいずれかが適用されます。MFRSは国際財務報告基準（International Financial Reporting Standards以下 IFRS）に概ね準拠しています。また，MPERSは，中小企業向け国際財務報告基準（International Financial Reporting Standards以下 IFRS for SME）に概ね準拠しています。

MFRSは主にクアラルンプール証券取引所上場会社や銀行・保険等の一定の業種に属する企業に対してその適用が義務付けられます。上記以外の企業は，MFRSもしくは，MPERSのどちらかを選ぶことになります。日本の会社はどちらかと言えば，MPERSの方を選ぶことが多いようです。

MFRSとIFRSは，MFRS第140号「投資不動産」及びMFRS第141号「農業」の開示に関する部分について異なります。MFRSとMPERSの主な違いは以下のとおりです。

	MFRS	MPERS
研究開発費	IFRSと同じ処理	費用として認識
の れ ん	償却は行わず減損テストのみ	償却年数10年以内で償却を行う。著しい価値の下落がある時は減損。
借 入 利 息	借入利息は費用処理であるが，適格資産については資産化が認められる	借入資産については，その発生した時期に費用処理。資産化は認められない

Q105 会計帳簿・保存期間

マレーシアの会計帳簿・保存期間について教えてください。

Answer

　会社法によれば，マレーシアにおいて会計帳簿は，損益計算書，貸借対照表その他財務書類及びこれらに添付が義務付けられている文書，更にこれらの財務書類が適正であることを証明する会計及びその他の取引記録が対象になります。また会計及びその他の取引記録には，勘定科目明細や銀行からの取引明細や各種申告書が含まれます。

　保管期間は，取引の完了から7年間保管することとなっています。

　更に保管場所については，登記簿に記載の本社又は取締役が指定する事務所になりますがその際の考慮要件は適切に監査ができるかどうかが重要になります。また，マレーシア国外で行われた取引の会計記録等については必要に応じてすぐにマレーシア国内に送付することができるという前提で当該取引の発生した国で保管することができます。ただしCCMがマレーシア国内で保管又は同一の会計記録のマレーシア国内での作成することを命令することもできますので注意が必要です。

Q106 監査の要否

会計監査の要否について教えてください。

Answer

　マレーシアにおいては，マレーシア国内で営業をする全ての会社及び支店は免許を有する独立した監査人によって監査を受ける必要があります。ただし，非公開会社の場合，CCMの定める条件によって，監査を免除できる場合があります。

　具体的には，一定以上の議決権等を有する株主等の反対やCCMの反対がないことを条件として以下のような会社の場合は，監査が免除されることになります。

(1) 休眠会社の場合

(2) 収入がゼロの会社

　　現在及び直近の過去2会計年度において収入がない会社で且つ同期間において総資産がRM 300,000を超えない会社

(3) 以下の基準を全て満たす会社

● 現在及び直近の過去2会計年度において売上がRM 100,000を超えない

● 現在及び直近の過去2会計年度において総資産がRM 300,000を超えない

● 現在及び直近の過去2会計年度末において従業員が5人を超えない

　ただし，上記の条件を満たして監査が不要となった場合でも，財務諸表は，会社法の規定に従ってDirector's report，Statement by directors及びStatutory declaration とともにCCMに提出する必要があります。

　また，その際に監査免除証書（Audit Exemption Certificate）を添付する必要があります。

Column　マレーシアの国王

　マレーシアの国王は９つの州のスルタンから５年ごとの輪番で選ばれます。これは，マラッカ王国が滅亡してからヨーロッパ勢力との抗争や内紛のために王族の一部がマレー半島各地にイスラムの国を全部で９つ作ったことと関係しています。マレー半島を植民地化した英国ですが，その関心はマレー半島全土にあったわけではありません。ペナン，マラッカ，シンガポール等は，インドと中国との交易ルートを確保するために英国の関心が最も高い地域であり，これら地域を海峡植民地として直接統治しました。残りについては，９つの州としてマレー連邦州とマレー非連邦州に分けてスルタンによる間接統治を行いました。それが独立後も引き継がれて，マレーシア13州のうち，９州で現在でもスルタンが在位しています。この９州のスルタンが５年ごとの輪番でマレーシアの国王を務めることとしており，そのため祝日である国王の誕生日も５年ごとに変わることになっています。

第**8**章

その他のQ&A

● Point ●

ここではマレーシアの労働環境，社会保障制度等マレーシアで事業を
行うにあたり知っておきたい項目を取り上げました。

Q107 マレーシアの労働事情

マレーシアの労働事情について教えてください。

Answer

　マレーシアは，現在人口が約32百万人とASEAN内では第6位に位置付けられていますが，経済規模の割に人口が少ないのが特徴的です。マレーシアは歴史的にも人口の少ない地域で，19世紀においてもインドや中国から労働者の移入によってゴムのプランテーションや錫鉱山の開発を行ってきました。また1980年代以降の工業化で労働不足が深刻化し，以降製造業や建設業といった労働集約型産業を中心に多くの近隣諸国からの外国人労働者が雇用されています。彼らはマレーシア人が敬遠するようないわゆる3K職場も厭わず従事しており，マレーシアの経済発展に多大なる貢献をしてきました。

　一方マレーシア政府は，2020年に先進国入りを果たすという目標を持っており，近年は金融業といった知識集約型産業や，高付加価値製品を生産する製造業の誘致に熱心です。このため産業の高度化に必要不可欠な知的労働者の囲い込みに積極的である一方で，上記のような低賃金で働く外国人労働者は産業高度化の障害になると考え，Employment Passの発行自体を制限し，また外国人雇用税の引上げによって外国人労働者の雇用のメリットを少なくすることによって，量的にも経済的にも外国人雇用の制限をかけようとしています。更にJETROの調査によればアッパーミドルに定義される年間可処分所得が15,000ドル以上の人口が2015年で59.4％もおり，彼らを中心に電子商取引が活発に行われていることから，物流分野での人手不足にも拍車をかけています。

Q108 マレーシアの休日・休暇・労働時間

マレーシアの休日・休暇・労働時間について教えてください。

Answer

1　休日について

　マレーシアの休日は，原則，土日が休日となっていますが，イスラム教徒が多い州は，金土が休日になっています。

　また，祝日は，国の祝日と州の祝日がありますが，国の祝日は，15あります。マレーシアは，多民族・多文化から構成されていますが，このことは祝日を見るとよくわかります。旧正月，ラマダン明けの休日・イスラム暦の新年・ムハンマド生誕祭，ディパバリ（ヒンドゥー教徒の祭り），クリスマス等，様々な宗教の記念日が祝日になっています。また，国王が5年ごとの輪番制のため，国王が交代するたびに国王の誕生日が交代することも特徴です。

2　休暇について

　年次有給休暇については，勤続2年未満の場合8日，勤続2年以上5年未満の場合12日，勤続5年以上の場合16日となっています。年次有給休暇の対象年度において労働者が権利を行使しなかった場合は，権利を喪失することになります。

3　労働時間について

　1日8時間，1週間当たり48時間を超えて労働することができず，1日当たりの拘束時間は10時間を超えてはいけないことになっています。また，女性労働者の場合，雇用法によれば午後10時から午前5時までの労働が禁止されている点に注意が必要です。

　時間外労働の規制については，1か月当たり104時間を上限として規制して

おり，且つ通常勤務を含めて12時間までが限度となっています。

4 残業代及び休日出勤手当について

時間外労働の場合は通常勤務の1.5倍の時給となります。また休日出勤の場合は，雇用法によれば，祝日と祝日以外の休日で賃金が異なります。

(1) 祝日以外の場合

- 4時間未満の労働の場合，月給制・週休制の場合，半日分の賃金，時給日給制の場合は，1日分の賃金
- 4－8時間未満の労働の場合，月給制・週休制・日給制の場合，1日分の賃金，時給制の場合は，2日分の賃金
- 8時間労働の場合は，通常賃金の200％を下回らない金額

(2) 祝日の場合

- 8時間未満の労働の場合，通常賃金の300％を下回らない金額
- 8時間以上の労働の場合，通常賃金の450％を下回らない金額

Q109 マレーシアの社会保障制度

マレーシアの社会保障制度について教えてください。

Answer

マレーシアの社会保障制度としては，被用者雇用年金基金（Employment Provident Fund, 以下EPF）と，社会保障機構（以下SOCSO）があります。また，2018年1月1日から雇用保険制度（Employment Insurance System, 以下EIS）が導入されました。

雇用者と従業員は月収RM4,000以下のマレーシア国籍及び永住労働者のためにSOCSOへの拠出義務があり，新規雇用の際は仕事はじめから30日以内に

登録する必要があります。SOCSOは，仕事上の傷害にともなって生じる医療費，障害給付，弔慰給付，障害年金等様々な費用を給付します。雇用者側の拠出比率は，SOCSOのレートは所得によって異なります。

EPFは，全雇用者と従業員は毎月EPFの拠出が必要である。EPFの最低拠出レートは，以下のとおりです。

	雇用者側	従業員側	合　　計
月給RM5,000以上	12%	11%	23%
月給RM5,000以上	13%	11%	24%

雇用者側はEPFへの拠出を19％までであれば税務上の損金として認められます。また従業員側の拠出金は所得控除の対象になります。

また，駐在員は特に拠出義務はありませんが拠出金の税控除は受けることが可能です。

EPFの特徴は，拠出額及びその利子の引出しにあたって課税されないことです。また拠出した金額は，55歳に達した時点でもしくはそれより早い年齢でも他国へ永住等，マレーシアを永遠に離れる場合には引き出すことができます。拠出金は従業員の死亡，障害により働くことができなくなった場合にも引き出すことが可能です。更に，医療・教育・持家目的や50歳に達した時点で拠出金の一部を引き出すことが可能です。

EISは，受給資格要件は，賃金に関係なく全ての労働者です。受給資格要件は，24か月中最低12か月，雇用保険に加入していた失業者としています。ただし，自己都合退職，契約期間の満了，不正行為を行って解雇された労働者，定年退職した人は除外となります。保険料率は，雇用者，労働者とも給与・賃金の各0.2％になります。

Q110 外国人雇用税

外国人雇用税について教えてください。

Answer

　マレーシアは，製造現場・建設現場から農場・家庭のあらゆる場所で外国人労働者が活躍しています。しかし，2020年までに経済，政治等あらゆる分野で先進国入りを目指す「Vision 2020」の下，産業高度化を図る観点から，外国人単純労働者の存在が，工場の自動化投資等を妨げているとの考えから外国人単純労働者を削減したいというのが政府の思惑です。そのため，2016年に外国人雇用税の引上げが閣議決定され，2018年1月から新しい税額が施行されました。

　新しい税額は以下のとおりです。

1　半島マレーシア

(1)　製造業・建設業・サービス業：RM 1,850（1人当たり。以下同じ）

(2)　農業：RM 640

(3)　メイド：1人目RM 410，2人目RM 590，3人目以降RM 590

2　サハ，サラワク州

(1)　製造業：RM 1,010

(2)　サービス：RM 1,490

(3)　農業：RM 410

(4)　メイド：1人目RM 410，2人目以降RM 590

Q111 為替管理

マレーシアの為替管理について教えてください。

Answer

　マレーシアの外国為替当局は段階的に外国為替規制の自由化及び簡素化を行っています。そのため，現時点では，マレーシアへの直接又はポートフォリオの一環の投資のいずれであってもリンギット又は外貨で投資が可能です。マレーシア国内で稼得した所得・利益・資本の本国への送金にも規制は課されていません。しかしながら，リンギットは海外では取引されていないため，マレーシア国外での支払いには外貨で支払いを行う必要があります。

　非居住者が外国通貨での信用供与をマレーシアで認可を受けたオンショア銀行及び国内の信用枠を持たないマレーシア居住者のノンバンクから得ることができます。

　非居住者は，もし居住者の全外貨借入額が許容限度額以内であれば，居住企業に外貨を貸し出すことができます。ただし，非居住者がマレーシア企業のグループ会社の一員である場合や外貨借入が，非居住の供給業者の部品・材料等を買うためにマレーシア居住企業に対して行われたものである場合は，制限が課されないことになっています。

Q112 運転免許証について

　マレーシアでは日本の運転免許証が使えますでしょうか？また，日本の運転免許証を現地で使うためにはどのような手続が必要でしょうか？

　従来は，道路交通法（Road Transport Act）第28条により，日本人の場合は，日本の免許証と大使館で入手した英訳書類などの必要書類をマレーシア道路交通局に提出し，手数料を支払えば現地の免許証を取得できました。しかしながら，同条項に基づく運転免許証の書換制度が不正利用されていることが発覚したため，2018年9月頃から運用が停止されています。現在は，日本人がマレーシアで自動車の運転を行うためには，日本の免許証と国際免許の両方を携帯するか，新たにマレーシアで行われる実技試験と学科試験の両方を受けマレーシアの運転免許証を取得するかのどちらかが必要になります。今後，停止された措置が解除されるのか，また，いつ解除されるのかについては注意が必要です。

Column　マレー半島とボルネオについて

　1957年にマレー半島を領域として独立したマラヤは，1963年にシンガポール，ボルネオ島北部のサバ，サラワクを併合してマレーシア連邦を形成しました。シンガポールは，商業・貿易拠点であるとともに当時は，中国系住民を中心とした左派勢力が強く単独で独立すれば共産党政権が成立する可能性が強かったことからマレーシアとして一緒に独立しました。しかし，シンガポールを含めると中国系住民の割合が多くなることから，同じ英国の植民地だった北ボルネオの2州を含めて連邦を作ることになりました。そのため，サバ，サラワクの両州は有利な立場で合併交渉を行うことができ，財政や入国管理で高度な自治権を有することとなりました。そのため，現在でもマレー半島側に居住している人はボルネオ側のサラワク州やサバ州に入る際は，外国人の場合はパスポート，マレーシア人の場合はIDが必要となっています。

［用 語 索 引］

［英数］

2016年マレーシア会社法 ················23
APA ································· 132
Arm's Length Price ············· 127
Balancing Adjustment ···········76
Balancing Allowance ···········76
Balancing Charge ···············76
Benefit in Kind ················ 145
CCM ························· 17,20
Desk Audit ···················· 130
DG ································49
EIS ······························ 188
Employment Pass ···············25
EP ··························· 25,26
EPF ······························ 188
ESR ······························ 133
Field Audit ···················· 130
FIM ······························ 112
Form C ··························60
Form CP 204 ·····················60
Form CP 204 A ···················60
GBSイスカンダル ············· 113
GST ······················· 154,171
IRB ································59
IRDA ···························· 110
ISP ······························ 110
Laban IBFC ···················· 119
MDTCC ··························14
MEV ·····························24
MFRS ···························· 181

MIDA ························ 14,21
MITI ·····························14
MPERS ·························· 181
MSCマレーシア ················ 106
MTD ····························· 142
Multiple Entry VISA ···········24
PE ······························ 122
Professional Visit Pass ···········25
PVP ······························25
Resident Pass-Talent ············26
RPC ····························· 175
RPGT ···························· 175
RP-T ·····························26
Sales Tax ······················ 154
Service Tax ···················· 154
SEV ·····························24
Single Entry VISA ··············24
SOCSO ·························· 188
Solvency Statement ···········49
Solvency Test ···················49
SST ······························ 154
Tax Computation ···············64
Trading Activity ················ 119
Withholding Tax ················92

［あ］

アーニングス・ストリッピングルール
································· 133
イスカンダル地域開発庁 ·············· 110
移転価格税制 ···················· 124
移転価格調査フレームワーク ········· 129

193

インピュテーションシステム …………90
売上税及びサービス税 …………… 154

[か]

外国人雇用税 ………………………… 190
外国税額控除 …………………………91
会社秘書役 ……………………………36
過少資本税制 ………………………… 133
課税対象サービス ………………… 156
課税対象品目 ………………………… 155
株式有限責任会社 ………………………12
カンパニー・セクレタリー …………36
机上調査 ……………………………… 130
キャピタル・アローワンス …………69
居住者(個人所得税) ………………… 136
居住者(法人税) ………………………62
グループ・リリーフ …………………97
源泉徴収制度 ………………………… 142
現地調査 ……………………………… 130
現物給与 ……………………………… 144
公開会社 ………………………………12
恒久的施設 ……………………… 122,123
国際貿易産業省 ………………………14
国内取引・協同組合・消費者省 ………14
雇用保険制度 ………………………… 188

[さ]

再投資控除 …………………………… 105
仕入税額控除制度 ………………… 165
自己申告制度 …………………………57
事前確認制度 ………………………… 132
支店 ……………………………………12
社会保障機構 ………………………… 188
少額資産 ………………………………74

新会社法 ………………………………23
シングルティアシステム ………………90

[た]

タックス・インベスティゲーション
 ……………………………………… 100
タックス・オーディット …………… 100
タックスイコライゼーション ……… 147
駐在員事務所 …………………………12
投資税額控除 ………………………… 103
同時文書化 …………………………… 128
特別決議 ………………………………33
独立企業間価格 ……………………… 127

[な]

任意清算 ………………………………51

[は]

パイオニア・ステータス …………… 102
ハイヤー・パーチェス …………………77
非居住者(個人所得税) …………… 136
非居住者(法人税) ……………………62
非公開会社 ……………………… 12,32
被用者雇用年金基金 ………………… 188
普通決議 ………………………………33
物品サービス税 ……………………… 154
物品税 ………………………………… 172
不動産会社 …………………………… 175
不動産譲渡益税 ……………………… 175
プリンシパル・ハブ ………………… 116
保証有限責任会社 ………………………12

[ま]

マネージング・ダイレクター …………43

マルチメディア・スーパー・コリドー
　……………………………… 106
マレーシア会社登記所 ………………… 17
マレーシア財務報告基準 ………… 181
マレーシア投資開発庁 ………………… 14
マレーシア内国歳入庁 ………………… 59
マレーシア内国歳入庁長官 …………… 49

マレーシア非上場企業財務報告基準 … 181
無限責任会社 …………………………… 12

[ら]

ラブアン国際ビジネス金融センター
　……………………………… 119
連結納税制度 …………………………… 97

執筆者紹介

新間　基弘（しんま　もとひろ）（第4章，コラム担当）
2009年から2012年までアーンスト・アンド・ヤング　マレーシア事務所にて日系企業に対して，会計，会社設立，税務，監査，J-SOX等のサービス全般にわたりコーディネート業務に従事。帰任後は主に日系金融機関及び外国銀行の在日拠点に対する監査業務のほか，東南アジアをはじめとした新興国進出支援業務に従事。公認会計士。

井本　真也（いもと　しんや）（第2章，第4章，第6章，コラム担当）
2004年に新日本監査法人（現，EY新日本有限責任監査法人）に入所後，製造業を中心とした監査業務に従事。その後，2012年7月から2015年7月までアーンスト・アンド・ヤング　マレーシア事務所に駐在。日系企業担当として日系現地法人の会計・監査・税務その他コンサルティングのサービス提供を行い，日系企業支援業務に従事。帰任後はグローバルに事業を展開する製造業を中心とした監査業務に従事。また東南アジアをはじめとした新興国進出支援業務に従事。公認会計士。

田甫　吉識（たんぼ　よしのり）（第2章，第7章，第8章，コラム担当）
2001年に新日本監査法人（現，EY新日本有限責任監査法人）に入所後，建設業等の監査業務に従事。その後，外務省への出向を経て2009年7月から2013年9月までSGV&Co（EY フィリピン）に駐在。日系企業担当として日系現地法人の会計・監査・税務その他コンサルティングのサービス提供を行い，日系企業支援業務に従事。帰任後は東南アジア，アフリカをはじめとした新興国進出支援業務に従事。公認会計士。

坂巻　健二郎（さかまき　けんじろう）（第3章，第5章，第6章）
2002年に大手監査法人に入所し監査業務や株式公開支援業務に従事。2007年に新日本監査法人（現，EY新日本有限責任監査法人）に入所後，監査業務に加えてJ-SOXアドバイザリー業務に従事。2015年7月から2019年7月までアーンスト・アンド・ヤング　マレーシア事務所に駐在し，現地の日系企業に対して会計・監査・税務・M&Aの分野においてマレーシアでの事業活動を支援。2019年8月よりEY新日本有限責任監査法人にて財務会計アドバイザリーサービスに従事し，IFRS導入や財務会計PMIなどを支援。公認会計士。

EY | Assurance | Tax | Transactions | Advisory

EYについて

EYは，アシュアランス，税務，トランザクションおよびアドバイザリーなどの分野における世界的なリーダーです。私たちの深い洞察と高品質なサービスは，世界中の資本市場や経済活動に信頼をもたらします。私たちはさまざまなステークホルダーの期待に応えるチームを率いるリーダーを生み出していきます。そうすることで，構成員，クライアント，そして地域社会のために，より良い社会の構築に貢献します。

EYとは，アーンスト・アンド・ヤング・グローバル・リミテッドのグローバルネットワークであり，単体，もしくは複数のメンバーファームを指し，各メンバーファームは法的に独立した組織です。アーンスト・アンド・ヤング・グローバル・リミテッドは，英国の保証有限責任会社であり，顧客サービスは提供していません。EYによる個人情報の取得・利用の方法や，データ保護に関する法令により個人情報の主体が有する権利については，ey.com/privacyをご確認ください。EYについて詳しくは，ey.comをご覧ください。

EY新日本有限責任監査法人について

EY新日本有限責任監査法人は，EYの日本におけるメンバーファームであり，監査および保証業務を中心に，アドバイザリーサービスなどを提供しています。詳しくは，www.shinnihon.or.jpをご覧ください。

ED MMYY

本書は一般的な参考情報の提供のみを目的に作成されており，会計，税務およびその他の専門的なアドバイスを行うものではありません。EY新日本有限責任監査法人および他のEYメンバーファームは，皆様が本書を利用したことにより被ったいかなる損害についても，一切の責任を負いません。具体的なアドバイスが必要な場合は，個別に専門家にご相談ください。

編者との契約により検印省略

令和2年3月20日　初版第1刷発行　　　海外進出の実務シリーズ

マレーシアの
会計・税務・法務Q&A

編　　　者　　EY新日本有限責任監査法人
発　行　者　　大　坪　克　行
印　刷　所　　税経印刷株式会社
製　本　所　　牧製本印刷株式会社

発　行　所　　〒161-0033 東京都新宿区　　株式　税務経理協会
　　　　　　　下落合2丁目5番13号　　　会社

振　替　00190-2-187408　　　電話　(03)3953-3301（編集部）
FAX　(03)3565-3391　　　　　　　(03)3953-3325（営業部）
URL　http://www.zeikei.co.jp/
乱丁・落丁の場合は，お取替えいたします。

ISBN978-4-419-06634-5　C3034